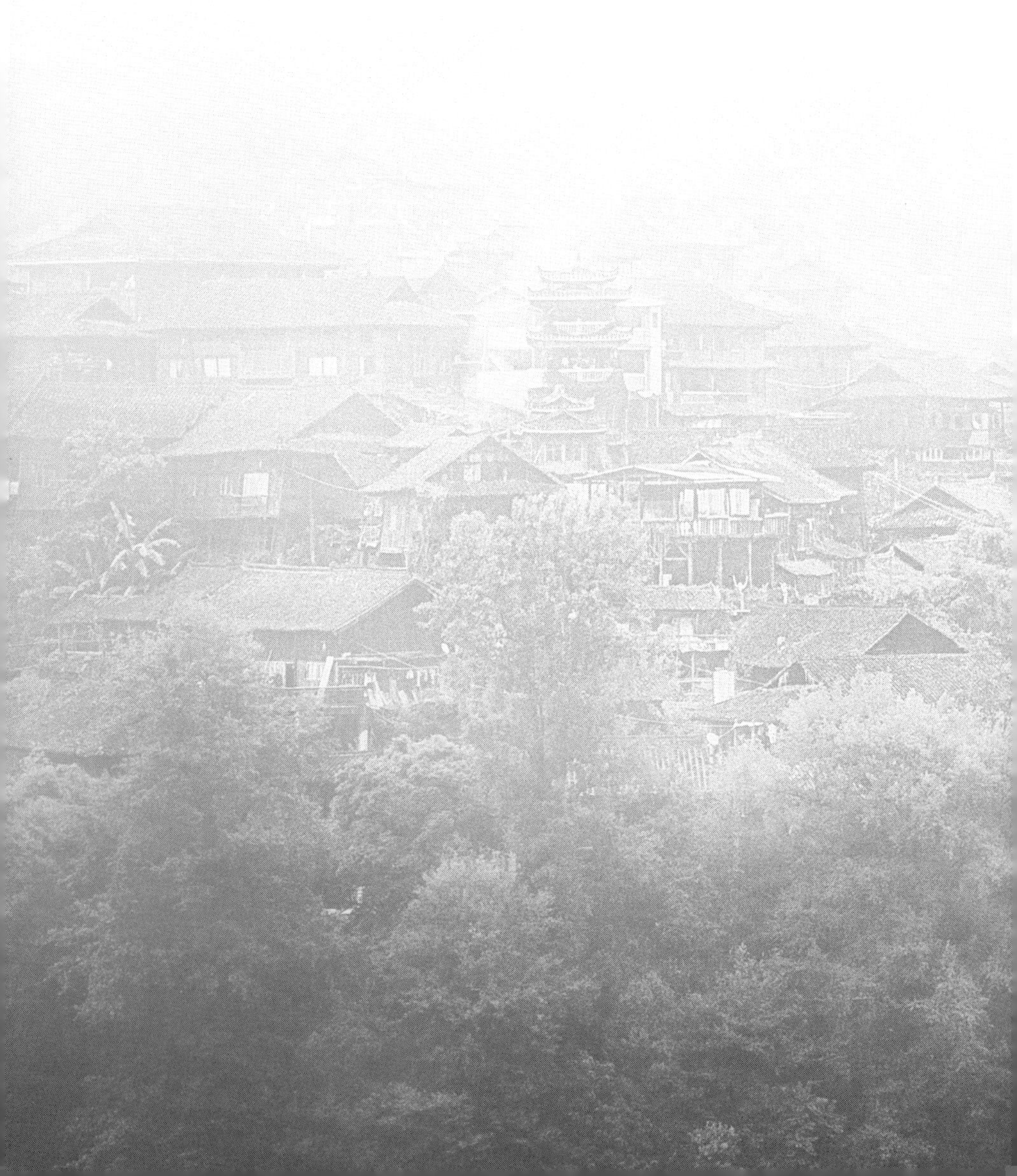

"十三五"国家重点出版物出版规划项目

"认识中国·了解中国"书系

消除贫困

中国的承诺

汪三贵 等 著

中国人民大学出版社
·北京·

前　言

消除贫困是全世界永恒的话题，是人类面临的共同挑战。新中国成立以来，中国共产党人始终不忘"消除贫困、改善民生、逐步实现共同富裕"的初心，开展了从注重生存到注重发展的反贫困实践。经过多年的扶贫工作，我国的贫困特征发生显著变化，再实行以往的扶贫方式已不能实现既定的减贫目标。在此背景下，2013年11月，习近平总书记在湖南湘西考察时提出精准扶贫并将其作为现阶段扶贫开发的基本方略。2015年，中共中央、国务院颁布了《关于打赢脱贫攻坚战的决定》，我国扶贫开发事业正式进入脱贫攻坚阶段。经过8年的努力，全国832个贫困县全部摘帽，区域性整体贫困得到彻底解决，全面建成小康社会取得伟大历史性成就，决战脱贫攻坚取得决定性胜利。值此收官之际，系统总结多年来中国人民在扶贫开发事业上做出的贡献显得尤为必要，特别是将这些努力以一种通俗易懂的方式呈现给读者，也是讲好脱贫攻坚故事的内在要求。这些都是写作本书的目的。

本书深入浅出地介绍了这场人类历史上规模巨大、波澜壮阔的扶贫实践，并对中国2020年后的扶贫事业进行了展望。第一，通过描述全球的贫困状况和分析世界上出现大规模贫困的原因，让读者了解全球贫困问题，提出缓解贫困需要国际社会的共同努力。第二，我国的减贫成就如何？如此大的减贫成就是否真实有效？其中的原因是什么？我国的脱贫标准是什么？与世界脱贫标准比较又如何？通过回答以上问题，让读者深刻理解全面建成小康社会已取得的伟大历史性成就。第三，为什么实现既定减贫目标要采用精准扶贫方略，而且要采用脱贫攻坚战这种超常规措施？精准扶贫的难点在哪里？这种方式是否有效？脱贫攻坚和精准扶贫是如何进行的？对世界减贫的贡献是什么？通过回答这些问题，让读者全面系统地了解精准扶贫和脱贫攻坚的意义。第四，绝对贫困消除以后中国还需要扶贫吗？相对贫困的实质是什么？如何缓解？与乡村振兴和城镇化的关系又是什么？通过回答这些问题，让读者了解2020年后中国扶贫开发事业的发展方向以及如何巩固脱贫攻坚成果，有效衔接乡村振兴战略。

本书由中国人民大学中国扶贫研究院院长汪三贵教授领衔撰写，其他作者包括周园翔、白增博、黄奕杰、李傲、马兰、郑丽娟等。汪三贵教授长期深耕扶贫领域，潜心研究贫困问题30多年，提出了我国特困地区的扶贫策略，全面系统分析了中国大规模减贫的经验、推动力量和制度因素，阐述了习近平关于扶贫工作的重要论述和精准扶贫实践，前瞻性地研究了脱贫攻坚与乡村振兴战略有机衔接的逻辑关系、内涵与重点内容。国家社会科学基金重大项目"实施精准扶贫、精准脱贫的机制与政策研究"（项目批准号：15ZDC026）的研究成果已收入本书，对完成本书做出了重大贡献。

由于作者水平有限，书中若存在不足或不妥之处，恳请读者批评指正。

目　录

第一章　贫困问题：全球性挑战　/1
一、世界贫困状况　/1
二、为什么会出现大规模贫困　/9
三、缓解贫困：国际社会的努力　/19

第二章　消除贫困：中国的成就　/23
一、中国大规模减贫成就　/23
二、中国为什么能大规模减贫　/28
三、大规模减贫彰显了中国的制度优势　/48

第三章　2020年消除绝对贫困的标准是什么　/60
一、扶贫成效是真实的吗　/60
二、中国的脱贫标准　/60
三、中国的脱贫标准与世界贫困标准的比较　/69

第四章　全面小康与脱贫攻坚　/74
一、中国为什么还要脱贫攻坚　/74
二、小康社会建设目标　/79

三、脱贫攻坚为什么没有包括城镇人口 / 84

第五章 精准扶贫：脱贫攻坚的基本方略 / 92
一、为什么要采取精准扶贫方略 / 92
二、什么是精准扶贫 / 94
三、精准扶贫的难点在哪里 / 102
四、精准扶贫是否有效 / 108

第六章 脱贫攻坚与精准扶贫：我们做了什么 / 112
一、扶持谁 / 112
二、怎么扶 / 114
三、谁来扶 / 126
四、扶持效果谁说了算 / 139

第七章 中国减贫的全球贡献 / 144
一、世界贫困人口的变化 / 144
二、中国的减贫对世界减贫的贡献有多大 / 146
三、中国减贫模式对国际减贫的借鉴意义 / 155

第八章 2020年后中国还需要扶贫吗 / 161
一、对贫困的再认识 / 161
二、相对贫困定义下贫困是永恒的主题 / 166
三、相对贫困只能缓解不能消除 / 170

第九章 缓解相对贫困：建设一个更加平等的社会 /175

一、相对贫困的实质是差距问题 /175

二、缓解相对贫困的多个层面 /177

三、乡村振兴与缓解相对贫困人口 /185

四、城镇化与缓解相对贫困 /193

第一章

贫困问题：全球性挑战

一、世界贫困状况

（一）贫困的定义和测量

要了解全球的贫困状况，首先需要弄清楚什么是贫困、贫困的标准是什么。贫困自古有之，"朱门酒肉臭，路有冻死骨"是诗圣杜甫对当时社会极端不平等和极端贫困的生动写照。可以说，普遍的贫困问题一直伴随着人类社会发展的整个过程，直到工业革命以后由于生产力的大幅提高才开始大规模缓解。

尽管贫困现象由来已久，但对贫困问题的系统研究是19世纪末20世纪初才开始的。1902年，英国学者朗特里（Benjamin Rowntree）发表《贫困：城镇生活的研究》（*Poverty: A Study of Town Life*）一文，开创了贫困研究的先河。他对贫困的定义是："如果一个家庭的总收入不足以维持家庭人口最基本的生存活动需求，那么，这个家庭就基本上陷入了贫困。"贫困就是指人的基本生存需求没有得到满足。人要生存，首先需要吃饱、穿暖、有地方住，从而使温饱问题得到解决。其次是维持人的基本健康状况，只要是人就会生病，生病后就需要基本医疗服务才能维持健康。因此，贫困实际上就是指人在吃、穿、住、医疗方面最低的需求未能得到满足的状态。这就是最早的绝对贫困概念。然而，人都生活在社会中，人要正常生活，仅满足基本的生存需求是不够的。例如，人需要与家庭成员和其他人进行沟通交流，需要参与各种社会活动，而参加社会活动是需要一定的能力和花费的。因此，贫困的定义需要从人的生存需求扩展到人的基本需求，即人需要在他所生活的社会环境里体面生活才算摆脱贫困。绝对贫困就是人的基本需求没有得到满足，基本需求包括吃、穿、住、安全饮水、基本教育、基本医疗和文化娱乐等。

什么样的标准算满足了基本需求从而摆脱了绝对贫困呢？这需要根据不同国家或地区的实际生活水平和状况确定一条贫困线。在这条贫困线以上就代表满足了人的基本需求，从而摆脱了绝对贫困；而在这条贫困线以下就没有满足人的基本需求，从而生活在贫困之中。要估计一个国家甚至全球有多少没有满足基本需求的贫困人口，确定一条合理的贫困线就显得非常重要。遗憾的是，要准确界定一条贫困线并不容易，因为人的基本需求很多，而每一个方面基本需求的最低标准到底是多少很难精准测量并达成共识。例如，人每年到底需要多少件衣服？什么样的衣服？住多大和什么结构的房子？对于这些基本的生存问题，不同的人会有不同的看法，恐怕很难科学测定。但估计贫困人口必须确定贫困线，对此，研究贫困问题的学者提出了不同的方法。目前普遍采用基本需求成本法来测定贫困线。基本需求成本法计算的是满足人的基本需求所要花费的最低金额，即最低成本，这个最低成本就是贫困线。

为了能够计算出满足基本需求的最低成本，通常将人的基本需求分为食物需求和非食物需求两部分。之所以如此划分，是因为人到底需要多少食物来维持生存这一问题已经有大量的科学研究和数据分析。人对食物的第一需求是热量，热量的摄入标准会有很大的个体差异，但平均而言有一个合理范围。根据世界卫生组织出版的《热量和蛋白质摄取量》一书，一个健康的成年女性每天需要摄取1 800～1 900卡路里的热量，男性则需要1 980～2 340卡路里的热量。在测定贫困线时，像中国等国家将2 100卡路里作为热量摄入的平均标准，即一个人在食物方面每天至少需要摄入2 100卡路里的热量。

有了热量摄取标准后，还需要知道用什么样的食物来满足这个标准。不同的食物所含热量不同，价格差别也很大。食物种类和结构不同，成本会有天壤之别。理论上，我们可以采用价格低、热量高的食物（如玉米等谷物）来满足2 100卡路里的热量需求。但在实际生活中，在人类长期的历史进化中，已经形成了不同的消费习惯。如果不考虑贫困人口的消费习惯而由营养学家或其他学者来指定贫困人口消费的食物（也称食物篮），最终可能达不到最低热量需求，因为人们通常不会按专家的意见消费食物。通行的做法是根据不同国家或地区贫困人口的实际食物消费结构来确定食物篮，以符合贫困人口的生活习惯。

确定了食物篮由哪些食物构成后，我们还需要知道各类食物的市场价格。然后我们用食物篮里各类食物的数量乘以各种食物的价格就计算出了每种食物需要花多少钱，最后将各种食物的花费加总就得到了满足基本食物需求所需的最低成本,也叫作食物贫困线。

非食物消费的最低成本无法像食物消费成本那样计算,因为非食物种类太多,每一类非食物消费的最低标准都很难确定。因此,只能采用间接和更加简单的方法确定。有一种方法叫恩格尔系数法,还有一种叫消费效用法。19世纪德国统计学家恩格尔根据统计资料,对消费结构的变化进行统计分析,从而得出一个规律:一个家庭收入越低,用来购买食物的支出占家庭总支出的比例就会越大;随着家庭收入的增加,家庭总支出中用来购买食物的支出比例则会不断下降。这一规律背后有深刻的生理学基础,即食物消费对任何人而言都是有限度的,并不是吃得越多就越好,过度的食物消费反而有害健康;而非食物消费是没有止境的,例如房子肯定是住得越大越好,衣服穿得越高档越好,教育投入越多越好,等等。你在任何国家都会发现,越是贫困的家庭恩格尔系数就越高,富裕家庭恩格尔系数则相对较低。国际上对恩格尔系数代表的一个国家的贫富程度有一个基本的标准:一个国家平均家庭恩格尔系数大于60%为贫穷,50%～60%为温饱,40%～50%为小康,30%～40%属于相对富裕,20%～30%为富足,20%以下为极其富裕。因此,有些国家就根据恩格尔系数标准,将贫困人口需要达到的非食物消费支出确定为40%,即非食物贫困线为总贫困线的40%。消费效用法则根据食物消费和总消费效用方程来推导非食物贫困线。具体方法是在已知食物贫困线的情况下,寻找家庭人均消费支出等于或接近食物贫困线的家庭,看这些家庭的人均非食物消费支出是多少。因为即使家庭的人均总消费支出只达到食物贫困线的水平,把所有的钱都花在食物上才能刚刚满足人的热量（营养）需求，但这些家庭不可能只吃饭，而不进行穿衣、住房子等其他消费。他们宁可吃不饱也要节省一部分钱用于非食物消费支出。可见，这种靠牺牲食物消费换来的非食物消费必然是最不可缺少的，称为最低非食物贫困线。消费效用法的第二种应用是寻找人均食物消费支出正好等于或接近食物贫困线的家庭，看它们的非食物消费支出是多少。由于这些家庭的食物消费等于或接近食物贫困线，他们的热量（营养）需求基本得到满足，非食物支出是在满足了最低食物需求以后的正常的非食物需求，称为高非食物贫困线。

按基本需求成本法计算的贫困线就出现了三种算法，但都是以食物贫困线为基础。一是食物贫困线加上40%的非食物支出（食物贫困线除以0.6），二是食物贫困线加上最低非食物贫困线，三是食物贫困线加上高非食物贫困线。一个国家到底采用哪一种计算方法通常由该国的统计和扶贫部门根据需要确定。比如，美国采用恩格尔系数法计算贫困线，但确定的恩格尔系数是33.3%，即这条贫困线允许贫困家庭的非食物支出占总消费支出的2/3。这一标准反映了美国是发达国家的现实，不能像发展中国家那样确定过低的贫困线。

世界上多数国家都根据自己的经济社会发展水平和人民的实际生活水平确定自己国家的贫困线标准。由于生活习惯不一样，生活水平差异较大，在不同国家满足基本生活需要的最低成本是不一样的，这自然会导致不同国家的贫困线差异也很大，所以，据此估计出的贫困人口在国家之间是不具有可比性的。一些相对富裕的国家的贫困线标准拿到贫穷的国家可能是小康标准了。这就给估计全球的贫困状况带来了挑战。怎样界定一条统一可比的国际贫困线标准来估计全球到底有多少贫困人口？分布在哪里？

国际贫困线由世界银行负责制定，但世界银行并没有采用基本需求成本法来计算国际贫困线。由于国家之间差异太大，无论是发展程度还是消费习惯都有天壤之别，不可能确定各国都能接受并且有意义的食物篮并计算出一条相同的食物贫困线。因此，世界银行采用了更直接的办法，即以每个国家自己的贫困线为基础制定国际贫困线。考虑到世界各国发展程度差异大，一条贫困线不能反映实际情况，因此根据不同的发展程度确定了三条国际贫困线。第一条国际贫困线叫作极端贫困线，是以15个最不发达的国家的贫困线为基础制定的；第二条国际贫困线叫作中度贫困线，是根据中低收入国家的贫困线制定的；第三条国际贫困线叫作高贫困线，是根据中高收入国家的贫困线制定的。

在制定国际贫困线时还有一个重要的问题需要考虑和处理，即每个国家的官方货币不一样，物价水平有很大的差异。如果以市场汇率来换算，你会发现同样的东西在不同的国家价格差异相当大。这意味着同样的钱在不同的国家能买到的东西多少是不一样的。要进行贫困的国际比较，就必须面对货币不一和不等值的问题。解决的办法一是都以美元来计算，二是根据每个国家货币的实际购买力而不是市场汇率将其折算为可比美元，也叫购买力平价（purchasing power parity，PPP）。例如，中国2011年末人民币的市场汇率为1美元兑换6.3元人民币，但世界银行估计的2011年人民币PPP为3.7元，即1美元和3.7元人民币的购买力相同。由于中国的物价水平比美国低，按PPP计算的人民币价值比按市场汇率计算的要高41%。中国是一个大国，城乡差异大，物价水平在城市和农村也有显著的差异。世界银行根据中国城市和农村的物价水平进一步计算了农村和城市的 PPP，农村为 3.04 元，城市为 3.9 元。表明中国农村的物价水平更低，人民币在农村的购买力价值比市场汇率计算的价值要高 1 倍多。

世界银行将各国的货币转换成 PPP 之后，就可以计算三条国际贫困线了。国际极端贫困线就是将非洲的马拉维、马里、埃塞俄比亚、塞拉利昂、尼日尔、乌干达、冈比亚、卢旺达、几内亚比绍、坦桑尼亚、莫桑比克、乍得、加纳和亚洲的尼泊尔、塔吉克斯坦这 15 个国家的国定贫困线转换为 2011 年的可比美元后计算平均数得到的，为 1 天 1.9 美元。同理，将中低收入国家的国定贫困线转换为 2011 年可比美元后计算平均数得到国际中度贫困线，为 1 天 3.2 美元；将中高收入国家的国定贫困线转换为 2011 年可比美元后计算平均数得到国际高贫困线，为 1 天 5.5 美元。

（二）世界的贫困状况及分布

按照国际极端贫困线，2015 年全球有 7.36 亿极端贫困人口，占全球总人口的 10%，即每 10 个人中就有 1 个极端贫困的人。极端贫困人口在全球的分布极不平衡，主要集中在非洲和南亚。撒哈拉以南非洲地区极端贫困人口高达 4.1 亿，约占全球极端贫困人口的 56%，平均贫困发生率约为 41%，每 2.4 个人中就有 1 个人生活在极端贫困状态。例如，2016 年，马拉维 70% 的人口生活在极端贫困线下。南亚地区的极端贫困人口为 2.2 亿，占全球极端贫困人口的 30%。东亚太平洋地区极端贫困人口为 4 720 万，占全球极端贫困人口的 6%（见图 1-1）。

图例：
- 撒哈拉以南非洲地区
- 南亚地区
- 东亚太平洋地区
- 拉美加勒比地区
- 中东北非地区
- 欧洲中亚地区
- 其他地区

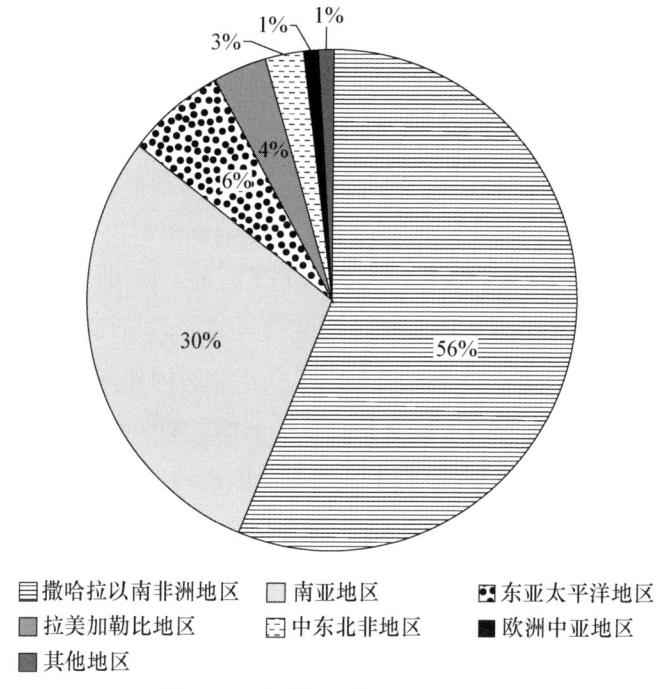

图1-1 全球极端贫困人口的分布

资料来源：世界银行。

按照国际中度贫困线，2015年全球有19.5亿中度贫困人口，占全球总人口的26.46%，每4个人中约有1个人处于中度贫困。撒哈拉以南非洲地区和东亚太平洋地区中度贫困人口最多，分别达到6.78亿和2.44亿，分别占全球中度贫困人口的34.77%和12.51%，欧洲、中亚地区中度贫困人口最少，占到全球中度贫困人口的1.33%[①]。从贫困发生率角度看，撒哈拉以南非洲地区贫困发生率最高，达到68.15%，每3个人中就有2个人处于中度贫困状态；中东、北非地区贫困发生率达到13.20%，明显低于撒哈拉以南非洲地区；欧洲、中亚地区贫困

---

① 未能获取南亚地区中度贫困人口数据，此处未将其纳入比较。

发生率最低，为2.86%。

按照国际高贫困线，2015年全球有33.91亿一般贫困人口，占全球总人口的46.01%，差不多每2个人中有1个一般贫困的人。撒哈拉以南非洲地区在全球一般贫困人口中的比重进一步降低，达到25.35%。东亚太平洋地区贫困人口占全球一般贫困人口比例达到20.64%。在此标准下，撒哈拉以南非洲地区与东亚太平洋地区的占比相近。从贫困发生率角度来看，撒哈拉以南非洲地区的一般贫困发生率达到86.34%，平均每10个人中接近9个人达到一般贫困水平；东亚太平洋地区一般贫困发生率也达到了30.65%，平均每3个人中就有1个人处于一般贫困状态。

二、为什么会出现大规模贫困

全世界有1/10的人口生活在每天消费不到1.9美元（按可比美元计算）的极端贫困状态，1/4的人口生活在每天消费不到3.2美元的中度贫困状态，有近一半的人口生活在每天消费不到5.5美元的一般贫困状态。在科学技术飞速发展、生产力水平不断提高、物质极大丰富的现代社会为什么还会出现如此大量的贫困人口？导致全球大规模贫困的原因是什么？

不同的国家或地区致贫的因素既有相同之处也有不同之处，在不同的历史时期导致贫困的原因也不尽相同。总之，贫困是一种复杂的社会经济现象，要深入系统地理解并不容易。贫困问题的产生是多种因素共同作用的结果。从宏观层面看，导致贫困的因素包括地理、环境、经济、社会、政治、人口、文化等多个方面，所有贫困人口通常都面临这些不利因素的影响，仅靠自己的努力难以改变这些不利的大环境。从微观层面看，贫困家庭通常：缺乏有能力的劳动人口，老人、小孩或丧失劳动能力的人多，从而导致抚养比高；家庭成员教育程度低、综合素质差、内生动力不足；营养不良、卫生条件恶劣、不安全的饮水和各种疾病导致健康状况差；缺乏资产的积累导致家庭难以有效应对各种天灾人祸；缺乏生产资料和市场机会，进一步导致收入水平低、生活条件差。这些因素共同作用，从而形成贫困的恶性循环，贫困家庭和人口一旦陷入其中，仅靠自己的努力很难持续地摆脱贫困状况。更为关键的是，微观的致贫因素很多都与宏观因素有关，宏观上不利的自然、经济、社会环境强化了微观的致贫因素。

不利的地理条件和恶劣的自然生态环境对发展中国家的贫困有着深刻的影响。全球一半以上的极端贫困人口分布在撒哈拉以南非洲地区，而撒哈拉沙漠是世界最大的沙质荒漠，面积约960万平方千米。该地区气候条件非常恶劣，是地球上最不适合生物生存的地方之一。撒哈拉以南非洲地区泛指撒哈拉沙漠中部以南的非洲，大部分地区属于热带草原，但雨季和旱季分明，旱季持续时间长、气温高，严重影响农牧业生产，持续的干旱往往引起饥荒。中国的贫困人口区域分布也很明显，按中国的贫困线标准估计，2016年中国农村贫困人口4 335万，52%分布在西部地区，37%分布在中部地区，中西部贫困人口占了全国贫困人口的89%。中国的贫困人口主要在西部和中部一些偏远山区的现实与地理位置和生态环境有密切的关系。首先，地理位置偏远、远离经济中心，使得需要依靠外部市场的经济活动成本都太高，不具有竞争力。其次，生态环境脆弱，农业可利用的资源有限。在不能通过贸易发展商品经济的情况下，依靠农牧业自给自足就是生存的唯一选择，但西部很多地区农牧业的生产条件也不是很有利。例如，西北地区干旱少雨、植被稀疏，黄土高原沟壑纵横、水土流失严重，一些地区严重沙漠化；西南地区尽管降雨量充沛，但喀斯特地貌导致雨水保存困难，耕地严重稀缺，一些地方过度开垦导致严重的石漠化；青藏高原则海拔过高，积温不够。最后，西部地区也是自然灾害频发的地区，洪水、干旱、冰雹、雪灾、泥石流、地震交替出现。这些不利的自然因素导致农牧业生产率低下，收入和生活水平难以提高。

经济制度和社会政策在现代社会中具有重要的作用，对每个人的生活都产生重要影响。遗憾的是，现代社会的很多经济制度和社会政策都不利于贫困人口，甚至成为导致贫困的主要因素。全球的极端贫困人口主要生活在农村，农业（包括牧业、林业、渔业和与这些产业相关的手工业等）是农村人口赖以生存的主要产业，但农业高度依赖土地资源，而土地制度在很多发展中国家极度不平等，土地高度集中在地主、农场主和富人的手中。贫困人口以农业为生却没有或只有极少的土地，生产的食物或其他农产品满足不了家庭的基本需要。在土地资源高度集中的情况下，贫困人口为了生存而租种地主的土地时通常会面临严重的剥削。不平等的土地制度是导致南亚、拉美等地区农村贫困的重要因素之一。1949年以前，中国存在的严重和普遍的极端贫困问题，就与不平等的土地制度有很大的关系。在四川等土地资源集中度高的地区，佃农租种地主的土地，通常需要把收成的70%交给地主，剩下自留的30%连维持佃农基本的温饱都不可能。

不合理的财政税收制度和政策也有可能对贫困人口产生不

利影响。由于不合理的税制安排,即使收入很低,贫困人口有时也会承担过高的税费负担,从而加剧贫困状况。中国在全面取消农业税之前,收入低的贫困家庭负担的税费占收入的比例远远高于收入高的家庭,收入越低,税率越高。图1-2是根据国家统计局2002年在592个扶贫重点县的住户分组数据计算的不同收入组农户缴纳税费的情况,农户的税率(税费占纯收入的比例)是随收入的增加不断降低的。由于中国的农业税以土地为基础,长期以来税费负担具有累退的性质,即越是以农业为生的贫困家庭缴纳的税费占收入的比例就越高。人均可支配收入小于100元的收入组农户人均缴纳的税费占纯收入的比例高达101%,农户全年的收入还不够税费的支出;人均可支配收入在100～300元的收入组农户人均缴纳的税费占人均纯收入的24.65%;而人均收入高于3 000元的最高收入组人均缴纳的税费仅占纯收入的2.32%。实际上,不仅税率具有累退性质,绝对贫困户缴税的绝对额也不低。最低收入组(0～100

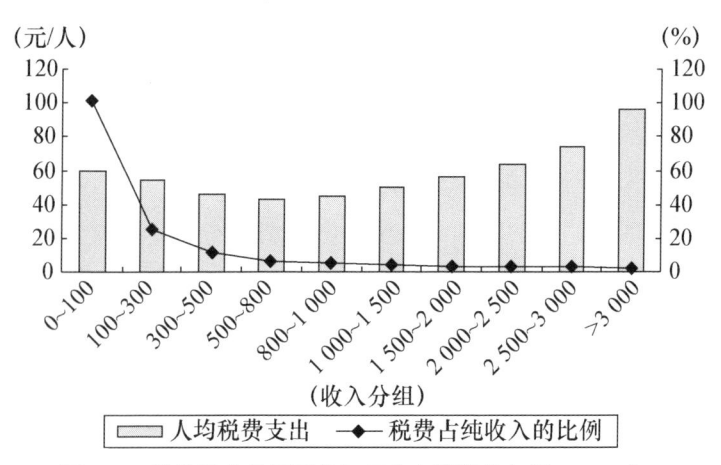

图1-2 扶贫重点县不同收入组农户的税费负担,2002年

资料来源:中国发展研究基金会.在发展中消除贫困.北京:中国发展出版社,2007.

元）农户人均缴税 59.2 元，高于"2 000～2 500 元以下"的其他收入组；第二低的收入组（100～300 元）农户人均缴税 54.4 元，高于"1 500～2 000 元（含）以下"的四个收入组。

公共支出的过度城市偏向和现代化导向也影响贫困地区和贫困人口的发展。实现国家的现代化是所有发展中国家追求的目标，而工业化和城市化被普遍认为是实现现代化的主要路径。发展中国家在公共政策和投资的选择上很容易重视城市和工业，而忽视贫困人口所在的农村和农业。农村道路、电力、通信、物流等各类基础设施的严重缺乏使偏远贫困地区的产业发展受阻，资源得不到充分利用，导致生产效率低，本地就业机会匮乏。基础设施匮乏也影响贫困人口获取信息，交通不畅和信息不通会阻碍他们外出就业获取收入。一个地区的经济要发展、生活要改善，基础设施要先行，正如中国对扶贫的一个普遍认知——"要致富，先修路"所揭示的规律那样。基础设施不健全是贫困地区和贫困人口面临的主要问题之一。

现代金融服务体系"嫌贫爱富"的特点广受诟病，越是贫困地区和贫困人口就越得不到金融服务。信贷是创业和经济发展的助推剂，保险则具有防范风险的重要作用。这两项金融服务的普遍缺失导致贫困家庭既没有创业或增加投入的资本，又在各种风险面前不堪一击。一些家庭好不容易通过努力摆脱贫困，但一遇到天灾人祸就立即返贫。20 世纪 70 年代以来，在一些国家试点推行的小额信贷和小额保险等微型金融服务被证明是减贫的有效方式之一。

人力资本建设和积累是一个家庭摆脱贫困最有效的方式，因为人力资本提升后生产效率会提高，也更有能力利用市场上的各种机会脱贫。人力资本主要是通过各种社会服务来提供,特别是教育和卫生医疗服务。发展中国家的贫困人口面临的一个普遍问题是难以获得有效的教育和医疗服务或服务质量很差,从而使贫困家庭的人力资本长期停留在低水平。农村和贫困地区公共服务差的原因是多方面的。一是地方政府财力有限,拿不出足够的钱投入基础教育和基本的医疗服务。二是管理问题,一些发展中国家在贫困农村建立了学校和卫生室,但教师和医务人员缺岗问题突出,导致贫困家庭对获取公立学校教育和公立医疗机构的服务丧失信心。三是教师和医务人员技能低,提供的服务质量差,即使孩子去上学也没有学到有用的知识和技能,或者花了时间和金钱也没有治好一些基本的疾病。

一个国家的政治体制和社会治理对贫困家庭和人口有很多直接和间接的影响。在自由资本主义制度下,资本及资本的主人拥有最大的政治权利,贫困人口的权利非常有限。西方的民主政治试图通过民主选举来缓解资本掌握绝对权力的状况,但资本家及其精英集团利用自己控制的媒体和代理人等多种方式影响选举和公共政策,使国家的重要政策对自己有利。这种状况在美国表现得最为突出,从而出现了国家用纳税人的钱为制造全球金融危机的华尔街资本家买单的现象。美国著名投资家和慈善家巴菲特讽刺道:"那些贫穷的美国人以及中产阶级在阿富汗为国家作战,大多数美国人在窘迫度日,而像我这样的富豪却仍在享受特别减税优惠。华盛顿的议员们发誓要保护我们,给予我们太多恩惠,仿佛我们像稀有的斑点猫头鹰那样珍贵。'朝中有人'可真是件好事。"巴菲特自己透露他的所得税率只有17.4%,而他办公室里雇员的税率为33%～41%，平均为36%，比巴菲特高出一倍。巴菲特多次建议政府提高对富人资本性收入的征税，但不可能在国会通过。20世纪70年代以来，美国的不平等程度不断加深，到2018年，基尼系数已达到0.482，创50年来的新高。美国作为头号资本主义强国，经济增长成果越来越多地由富人享受。

非洲一些国家治理问题突出，冲突不断，难以制定和实施有效的发展和扶贫策略，各种冲突还给社会带来严重的破坏，受伤最深的往往是贫困人口。非洲很多国家的边界都是欧洲列强在殖民时期划分的，一个国家有多个部落，很多都处于落后的原始社会状态，部落之间没有多少共同的利益，没有国家意识和共同的文化，利益或资源分配问题就很容易导致部落之间的冲突。欧洲列强草率的边界划分还导致了很多民族被分裂开来，这也是导致非洲部分国家之间发生种族冲突和领土之争的根源之一。对国家不能有效治理，经常发生部落冲突就会导致大规模的贫困问题。世界银行的报告显示，在千年之交，世界极端贫困人口的1/5生活在脆弱与冲突局势中。从那时以来，未受脆弱与冲突局势影响的经济体贫困率稳步下降，但贫困人口仍持续增加。其结果是，今天世界贫困人口的一半左右仍生活在脆弱与冲突局势下。如果目前的趋势继续下去，那么到2030年，生活在脆弱与冲突局势下的人口只占全球人口的10%，但在全球贫困人口中的比例将高达2/3。印度的种姓制度也是导致"低等"种姓大规模贫困的制度原因。

人口过快增长也是导致一些国家出现大规模贫困的原因。人如果身体健康、受过良好的教育，就能在所处的环境中找到工作或自我创业。中国改革开放以来的高速发展就得益于人口红利。但如果人口的增长规模超过资源和环境的承受能力，出生的人口又没有其他资源的配合以形成有效的生产力，那么人口的增长就会成为贫困的根源之一。随着现代医学的进步，健康知识的普及，疫苗的推广和传染病的控制，婴儿死亡率不断下降，人均预期寿命提高。以非洲人口快速增长为例，据联合国统计，非洲人口年均增长率1960—1965年为2.3%，1965—1970年为2.6%，1975—1980年为2.7%，1985—1990年已达3%。非洲人口规模也随之不断膨胀，1960年为2.7亿，1970年为3.44亿，1980年为4.6亿，1990年达6.42亿，目前非洲总人口已经达到了12.86亿。非洲人口在世界总人口中的比重逐步上升，目前占世界总人口的17%。遗憾的是，人口的增长没有带来经济的同步增长，而是导致一些非洲国家人民的生活水平长期不断下降，加上战争和冲突，贫困人口迅速增加。中国民族地区人口的过快增长也加剧了当地的贫困状况。

　　文化和习俗在一些国家或地区也会维持和加剧贫困状况，当然这些文化和习俗也是长期贫困的结果。文化和习俗与生活环境和生活状态相关，长期贫困的环境和生活会产生适应这一生活环境和状态的文化和习俗。这样的文化和习俗反过来会影响人们的思想和行为，其中一些文化和习俗就会阻碍一个地区的发展和贫困家庭的脱贫，强化贫困陷阱。例如，非洲、东南亚、南美的一些热带地区由于常年适合动植物的生长和繁育，食物种类丰富，就形成了不储存食物的习惯，也不积累任何财产。一旦人口增长过快或出现极端气候、自然灾害，就会导致大规模的极端贫困甚至饥荒。

贫困的产生就是上述多种因素共同作用的结果。一个典型的贫困户通常是生活在偏远的地方（生态脆弱、资源有限），家庭人口多，抚养比高，没有受过教育，健康问题突出，收入来源单一，稳定性差，消费不理性，没有资产，改变现状的能力和动力不足等。当然，正如列夫·托尔斯泰所说，"幸福的家庭都是相似的，不幸的家庭各有各的不幸"，贫困家庭并不是只有一种类型，通常是多种多样的。因为致贫因素很多，几个因素一起作用就能使一个家庭陷入贫困，从而会有各种各样的组合。致贫因素越多，这个家庭的贫困程度就会越深，脱贫也就更加困难。

案例 1-1

■ 案例背景

蔡某，女，48岁，家住湖南某农村，家中共5口人，房屋面积24平方米，仅有简单家具。患有卵巢囊肿、子宫肌瘤等疾病，未能就业，而疾病带来的医药费开支使其原本就不富裕的生活尤为拮据。其丈夫王某，56岁，自20世纪末先后经历了下岗失业、摆摊、做临时工等，因其自身能力有限，家庭收入并不稳定。2005年，丈夫患上腿痛病、颈椎病，因担心住院治疗费用过高，仅依靠门诊开药缓解。后病情加重，相继在县市医院就医，2010年动手术花费7万元，靠亲戚朋友的帮助勉强交上医疗费，回村养病在家，也因此欠下了大量债务。丈夫本来就有不平之感，从此便一蹶不振，常常抱怨命运不公，近年来时常脾气不好，有时暴躁起来会摔东西、砸东西。丈夫生病后蔡某外出打零工，平均每月给家庭带来收入约1 200元。她表示，作为家庭的女主人，她已经感到力不从心。家里还有三个孩子，分别20岁、18岁和15岁，三个孩子都在读书，其中，大儿子读大学的学费是一笔不小的支出，但儿子考上大学给蔡某带来了很多鼓励，并寄希望儿子将来能找份稳定的工作，一家人和和美美地生活。

贫困原因

（一）无稳定收入来源。蔡某丈夫下岗后经历了摆摊、做临时工等社会流动性大的工作，在就业市场上竞争力不强，自身能力有限，蔡某本人因疾病也未能有稳定收入来源，在丈夫手术后仅靠打零工获取微薄收入。收入的不稳定给家庭经济生活带来了不利影响。

（二）健康因素限制了劳动能力，加剧了贫困。蔡某处于更年期，加之生活压力比较大，为了生计奔波，导致有疾病无法及时医治。丈夫患病，更导致家庭主要劳动力丧失，经济收入减少，医疗开支大幅增加，是典型的因病致贫、因病返贫家庭。此外，丈夫的心理健康问题也影响了家庭脱贫致富的信心。蔡某丈夫由于疾病和贫困的长期困扰，对生活失去了信心，产生了很大的自卑感，产生了很强的自我保护意识，不希望别人了解自己，害怕被人看不起。在与丈夫的接触中发现，其受家庭的影响非常大，不仅不愿别人了解自己，对陌生人也有很高的警惕性，而且不肯面对自己的处境，对生活和所有事都抱有一种负面情绪，只有在家中才会获得一定的安全感，从而造成其不愿意接触外界。蔡某丈夫的自我保护，割断了与外界的联系，使其获得社会资源和情感支持的渠道减少,造成其无法更好地面对生活和重新树立自信心。

(三)教育支出进一步加剧了贫困。蔡某家中三个孩子的上学开支也是一笔不小的数目,尽管义务教育阶段很多费用有所减免,但大儿子高等教育的开支仍然较高。为了家庭的未来,蔡某又不得不让孩子们读好书,使孩子们能找到收入稳定的工作,改善家庭的贫困状况。

注:本书中的所有案例材料均为作者团队调研过程中获得的第一手材料,所注明的出处单位对内容亦有贡献。

三、缓解贫困:国际社会的努力

联合国是推动全球贫困治理的主要组织机制和平台。自从联合国大会于1961年决定设置十年发展战略以来,国际社会一直致力于协作治理全球贫困问题,以消除发展中国家的贫困。其中,联合国开发计划署负责落实《联合国千年宣言》和联合国《2030年可持续发展议程》等发展规划,为减贫提供咨询建议、培训及其他支持措施。与此同时,大量国际机构和组织也共同参与了全球贫困治理过程。

(一)联合国千年发展目标

2000年9月召开的联合国千年首脑会议就消除贫穷、饥饿、疾病、文盲、环境恶化和对妇女的歧视,一致通过一项行动计划,即消灭极端贫穷和饥饿,普及初等教育,促进男女平等并赋予妇女权力,降低儿童死亡率,改善产妇保健,与艾滋病、疟疾和其他疾病做斗争,确保环境的可持续能力和制订促进发展的全球伙伴关系。联合国正式做出承诺:在

2015年底前，全球贫困水平降低50%（以1990年的水平为标准），这些目标被置于全球议程的核心，统称为千年发展目标（Millennium Development Goals，MDGs）。《联合国千年宣言》确立了一个宏伟的人类发展愿景，即以减贫为核心的千年发展目标。《联合国千年宣言》提出，"我们将不遗余力地帮助我们十亿多男女老少同胞摆脱目前凄苦可怜和毫无尊严的极端贫穷状况。我们决心使每一个人实现发展权，并使全人类免于匮乏"，同时决心"在2015年底前，使世界上每日收入低于一美元的人口比例和挨饿人口比例降低一半，并在同一日期之前，使无法得到或负担不起安全饮用水的人口比例降低一半"。

2015年是实现联合国千年发展目标的最后期限，在15年中，全球落实千年发展目标的努力取得显著进展，使数以亿计的民众摆脱贫困，实现或基本实现减贫、降低儿童死亡率等目标。每天生活低于1.25美元的极端贫困人口数量由1990年的19亿下降到2015年的8.36亿，极端贫困率由1990年的近50%下降到2015年的14%。尽管取得了很多成绩，全球总体上实现了千年发展目标，但面对世界经济和政治格局的深刻变化以及一系列全球新挑战，如人口膨胀、资源短缺、环境退化、社会不公平加剧等等，国际社会迫切需要重新审视可持续发展的理念和内涵，构建新的全球可持续发展治理框架，促进发展模式的根本转型。

（二）联合国可持续发展目标

为促使联合国千年发展目标到期后，国际社会根据人类发展新的形势和挑战继续开展深入合作，2015年9月，联合国可持续发展峰会在纽约总部召开，联合国成员在此次历史性的峰会上共同达成了一份重要的成果文件，即《2030年可持续发展议程》，这一纲领性文件提出了 17 项可持续发展目标（Sustainable Development Goals，SDGs）和 169 项具体目标。可持续发展目标旨在推动世界在 2030 年前实现 3 个史无前例的非凡创举——消除极端贫穷、战胜不平等和不公正以及遏制气候变化。《2030 年可持续发展议程》提道，"我们决心在现在到 2030 年的这一段时间内，在世界各地消除贫困与饥饿；消除各个国家内和各个国家之间的不平等；建立和平、公正和包容的社会；保护人权和促进性别平等，增强妇女和女童的权能；永久保护地球及其自然资源。我们还决心创造条件，实现可持续、包容和持久的经济增长，让所有人分享繁荣并拥有体面工作，同时顾及各国不同的发展程度和能力"。这些目标述及发达国家和发展中国家人民的需求并强调不会落下任何一个人。在众多目标中，排在第一位的是要"在 2030 年消除一切形式和表现的贫困与饥饿，让所有人平等和有尊严地在一个健康的环境中充分发挥自己的潜能"。

《2030 年可持续发展议程》提出了全球消除一切形式和表现的贫困与饥饿目标的时间节点，为人类战胜极端贫困问题制定了目标。在可持续发展目标的指引下，中国作为世界上最大的发展中国家，贫困人口规模庞大，面临的减贫任务和挑战异常艰巨，要在有限的时间内完成如此艰巨复杂的任务，就必须树立"时不我待的担当精神"，想方设法、群策群力，尽快让贫困人口摆脱贫困，为全球实现消除贫困目标做出重要贡献。

目前，全球仍有超过 7 亿人生活在极端贫困线以下，减贫工作任重道远。全人类应坚定携手向贫困宣战的决心，以人类命运共同体为理念，以消除贫困为目标导向，积极开展减贫行动，加强减贫合作，并致力于解决贫困形势严峻区域的极端贫困问题。围绕全球减贫目标，在未来十年继续加强全球减贫协作，积极开展减贫行动。"足寒伤心，民寒伤国。"实现全球减贫目标依然任重道远。当前，仍有10%的世界人口生活在极端贫困中，医疗、教育、用水和卫生设施等最基本的需求无法得到满足；到2030年，全球超过1.6亿的儿童可能仍将生活在极端贫困中。实现2030年承诺的期限仅剩几年，为实现全球减贫目标所采取的行动尚未以所需要的速度和规模推进，亟须动员更多政府、社会和企业力量，并呼吁所有人共同致力于实现"全球目标"。

参考文献

［1］PARK A, WANG. S. Community development and poverty alleviation: an evaluation of China's poor village investment program. Journal of public economics, 2010.

［2］ROWNTREE S. Poverty: a study of town life. Charity organisation review, 1902, 11（65）.

［3］2030年可持续发展议程.（2015-09-25）. https://www.un.org/sustainabledevelopment/zh/development-agenda/.

［4］联合国千年宣言.（2020-09-08）. https://www.un.org/chinese/esa/deva-genda/millennium.html.

第二章

消除贫困：中国的成就

一、中国大规模减贫成就

新中国成立特别是改革开放以来，中国取得了举世瞩目的减贫成就。不管以哪一条贫困线标准衡量，中国大规模减贫的成绩都是毋庸置疑的。以国家 2010 年的贫困线标准估计，1978—2020 年，中国 7.7 亿绝对贫困人口全部脱贫，贫困发生率下降了 97.5 个百分点。1978 年，中国农村每 100 个人中，只有不到 3 个人不是贫困人口；而到 2020 年，中国绝对贫困全部被消除（见表 2-1）。

表 2-1　1978—2020 年中国农村贫困人口和贫困发生率

年份	1978 年标准 贫困人口（万）	1978 年标准 贫困发生率（%）	2008 年标准 贫困人口（万）	2008 年标准 贫困发生率（%）	2010 年标准 贫困人口（万）	2010 年标准 贫困发生率（%）
1978	25 000	30.7			77 039	97.5
1980	22 000	26.8			76 542	96.2
1981	15 200	18.5				
1982	14 500	17.5				

续表

年份	1978年标准 贫困人口（万）	1978年标准 贫困发生率（%）	2008年标准 贫困人口（万）	2008年标准 贫困发生率（%）	2010年标准 贫困人口（万）	2010年标准 贫困发生率（%）
1983	13 500	16.2				
1984	12 800	15.1				
1985	12 500	14.8			66 101	78.3
1986	13 100	15.5				
1987	12 200	14.3				
1988	9 600	11.1				
1989	10 200	11.6				
1990	8 500	9.4			65 849	73.5
1991	9 400	10.4				
1992	8 000	8.8				
1993	7 500	8.2				
1994	7 000	7.7				
1995	6 540	7.1			55 463	60.5
1996	5 800	6.3				
1997	4 962	5.4				
1998	4 210	4.6				
1999	3 412	3.7				
2000	3 209	3.5	9 422	10.2	46 224	49.8
2001	2 927	3.2	9 029	9.8		
2002	2 820	3	8 645	9.2		
2003	2 900	3.1	8 517	9.1		
2004	2 610	2.8	7 587	8.1		

续表

年份	1978年标准 贫困人口（万）	1978年标准 贫困发生率（%）	2008年标准 贫困人口（万）	2008年标准 贫困发生率（%）	2010年标准 贫困人口（万）	2010年标准 贫困发生率（%）
2005	2 365	2.5	6 432	6.8	28 662	30.2
2006	2 148	2.3	5 698	6		
2007	1 479	1.6	4 320	4.6		
2008			4 007	4.2		
2009			3 597	3.8		
2010			2 688	2.8	16 567	17.2
2011					12 238	12.7
2012					9 899	10.2
2013					8 249	8.5
2014					7 017	7.2
2015					5 575	5.7
2016					4 335	4.5
2017					3 046	3.1
2018					1 660	1.7
2019					551	0.6
2020					0	0

注：（1）1978年标准：1978—1999年称为农村扶贫标准，2000—2007年称为农村绝对贫困标准；（2）2008年标准：2000—2007年称为农村低收入标准，2008—2010年称为农村贫困标准；（3）2010年标准：是2011年最新确定的农村扶贫标准，即农民人均纯收入2 300元（2010年不变价）。

资料来源：据历年《中国农村贫困监测报告》、国务院扶贫办提供材料整理。

中国的减贫速度在不同时期存在明显的差别，精准扶贫方略实施以来，中国农村贫困人口的减少速度有不断加快的趋势。按照2010年不变价2 300元的贫困线标准估计，1978年中国农村贫困人口7.7亿，到2012年下降到9 899万，34年间减少了约6.7亿，年均农村贫困人口减少5.9%。2012—2020年，9 899万贫困人口全部脱贫。贫困人口减少的速度有不断加快的趋势，2013年贫困人口减少16.7%，2014年为14.9%，2015年为20.6%，2016年为22.2%，2017年为29.7%，2018年为45.5%，2019年为66.8%，2020年为100%（见图2-1）。中国和世界其他各国的减贫经验都表明，由于条件好、能力强的贫困人口会率先脱贫，越到后期扶贫难度越大，减贫速度越慢。我国近年来减贫速度从总体上越来越快的事实说明，精准扶贫策略是成功的，扶贫方式是有效的，大大推动了贫困人口脱贫的进程。

图2-1 党的十八大以来中国贫困人口的减少速度

资料来源：国家统计局。

贫困地区农村居民收入实现快速增长。2020年，贫困地区农村居民人均可支配收入达12 588元。2014—2020年，年均名义增长11.0%，比同时期全国农村年均名义增长快2.1个百分点。其中，集中连片特困地区年均名义增长11.1%，比全国农村年均名义增长快 2.2 个百分点。2020 年，贫困地区农村居民人均可支配收入是全国农村平均水平的 73.5%，比 2013 年提高了 9.0 个百分点，与全国农村平均水平的差距进一步缩小。

贫困地区农村居民消费水平不断提升。2014—2020 年，年均名义增长 10.1%，比同时期全国农村年均名义增长快 1.1 个百分点。其中，集中连片特困地区年均名义增长 10.4%，比全国农村年均名义增长快 1.3 个百分点。2020 年，贫困地区农村居民人均消费支出是全国农村平均水平的 77.4%，比 2013 年提高了 5.0 个百分点，与全国农村平均水平的差距进一步缩小。

贫困地区农村居民生活条件不断改善。从居住条件看，2019 年贫困地区农户居住在竹草土坯房的农户比重为 1.2%，比 2013 年下降了 5.8 个百分点；使用管道水的农户比重为 89.5%，比 2013 年提高了 35.9 个百分点；使用经过净化处理的自来水的农户比重达 60.9%，比 2013 年增加 30.3 个百分点；饮水无困难的农户比重为 95.9%，比 2013 年增加 14.9 个百分点；独用厕所的农户比重达 96.6%，比 2013 年增加 3.9 个百分点；炊用柴草的农户比重仅 34.8%，比 2013 年下降 23.8 个百分点。从家庭耐用消费品情况看，贫困地区农村居民家庭耐用消费品从无到有，产品升级换代。2019 年贫困地区农村每百户拥有电冰箱、洗衣机、移动电话等传统耐用消费品分别为 60.9 台、71.1 台和 267.6 部，分别比 2014 年增加 31.1 台、19.5 台和 72.8 部，拥有量持续增加，与全国农村平均水平的差距逐渐缩小；每百户拥有汽车、计算机等现代耐用消费品分别为 20.2 辆、17.7 台，分别是 2014 年的 3.0 倍和 1.6 倍，实现快速增长。

贫困地区基础设施条件不断改善。截至2019年末，贫困地区自然村通公路和通电话的农户达100%；自然村能接收有线电视信号和进村主干道硬化的农户比重分别为99.1%和99.5%，接近全覆盖，比2013年分别增加19.5个和10.6个百分点。所在自然村能便利乘坐公共汽车的农户比重达76.5%，比2013年增加20.4个百分点；所在自然村能通网络宽带的农户比重为97.3%，比2015年增加25.5个百分点。

贫困地区公共服务水平不断提高。2019年，贫困地区89.8%的农户所在自然村上幼儿园便利，91.9%的农户所在自然村上小学便利，分别比2013年增加18.4个和12.1个百分点；86.4%的农户所在自然村垃圾能集中处理，比2013年增加56.5个百分点。2018年，贫困地区有文化活动室的行政村比重为90.7%，比2012年增加16.2个百分点；贫困地区拥有合法行医资格的医生或卫生员的行政村比重为92.4%，比2012年增加9.0个百分点；93.2%的农户所在自然村有卫生站，比2013年增加8.8个百分点。

二、中国为什么能大规模减贫

回顾40多年来中国的减贫成效，可以发现扶贫开发越来越精准，因而可以惠及更多真正的贫困人口。中国的扶贫事业不是一蹴而就的，而是循序渐进的，每个阶段的具体扶贫目标和扶贫任务都不同。中国政府在解决一批难啃的"硬骨头"、完成一个阶段既定的扶贫任务后，又通过合理确定贫困标准，规划重点扶持范围，制定分年度的具体任务和措施，开始新一轮的帮扶，整个扶贫工作呈现出长期性的特点，解决贫困问题在很大程度上与经济社会发展特别是农村经济社会发展相适应。从"大水漫灌"到"精准扶贫"、从"普惠式"平均分配到"特惠式"精准分配，中国的扶贫开发扶持政策组合多样，投入资源传递也更加有效。中国大规模减贫的重要基础和推动力量是经济的持续高速增长和持续不断的扶贫开发。虽然40多年来贫困发生率的下降程度每年并不完全相同，但通过经济发展所提供的坚实基础，中国农村扶贫政策的实施从生产能力、市场参与和缓解脆弱性等角度改善了贫困地区农民分享经济增长的机会和能力，扶贫资源的投入使得每一个阶段均能确保扶贫目标任务按时保质完成。党和政府高度重视扶贫工作，将十分重要、涉及面较广、跨部门、长期性的扶贫开发议事协调机构长期保留，并不断改善贫困治理方式。中国的扶贫开发工作机构、开发式扶贫基本方针、专项扶贫资金的投入力度和投入结构始终保持了基本稳定，使得中国的许多扶贫政策延续下来，并逐渐制度化、常态化，很多政策在沿用中不断演变成有始有终的扶贫治理行动。中国政府制定的扶贫政策越来越严谨，不断尝试修补实践中发现的问题，确保扶贫资源在分配时能够相对合理和规范，因而能够惠及大量的贫困人口。

（一）坚强的政治决心

采用使贫困人口受益的经济增长政策和社会政策通常都会涉及利益关系的调整，进行大规模扶贫更需要动用大量的公共资源。如果没有坚强的政治决心，对贫困地区和贫困人口进行长期的扶持是不可能的。中国的减贫成就首先要归功于中国共产党领导下的中国政府具有坚强的消除贫困的政治决心。

中国共产党自成立以来一直致力于领导全国人民摆脱贫穷落后的面貌，最终实现共同富裕。帮助贫困地区和贫困人口脱贫始终是党和各级政府的重要政治任务，也是在不断总结经验的基础上制定扶贫战略并持续进行扶贫开发的原生动力。中国共产党的宗旨决定了中国共产党人必须把人民群众的利益放在首位，想民之所想，深入调查研究制定摆脱贫困、改善民生的政策措施。"全心全意为人民服务"是马克思主义和中华优秀传统文化相结合的成果。马克思主义经典作家指出，社会发展的目的是保障每个人的生活，追求和实现人的自由而全面的发展是社会发展的终极目标和本质要求。中国传统文化则始终强调以人为本，主张"政之所兴在顺民心，政之所废在逆民心"，"治理之道，莫要于安民；安民之道，在于察其疾苦"，"大道之行也，天下为公，选贤与能，讲信修睦。故人不独亲其亲，不独子其子，使老有所终，壮有所用，幼有所长，矜寡孤独废疾者皆有所养"。

中国共产党秉承"全心全意为人民服务"的宗旨，带领中国人民进行艰苦卓绝的革命斗争和勤奋辛劳的经济建设，为中国人民谋幸福，为中华民族谋复兴，必须使贫困群众摆脱贫困，补齐实现共同富裕的短板。建党百年来，为了人民的幸福和民族的复兴，中国共产党人不忘初心、牢记使命。新中国成立初期，以毛泽东同志为主要代表的中国共产党人带领中国人民摆脱贫穷，提出"建成一个具有现代农业、现代工业、现代国防和现代科学技术的社会主义强国"。改革开放时期，以邓小平同志为主要代表的中国共产党人实事求是地总结了早期社会主义经济建设的经验教训，提出"贫穷不是社会主义"，并且因地制宜地制定了"三步走"战略规划,明确要求实现贫困群众温饱,然后达到小康,逐步达到中等发达国家水平。此后,以江泽民同志为主要代表的中国共产党人提出"两个一百年"奋斗目标,以胡锦涛同志为主要代表的中国共产党人提出了全面建设小康社会的详细目标,要求加快以民生为重点的社会建设。党的十八大以来,以习近平同志为核心的党中央打响脱贫攻坚战,提出全面建成小康社会,不能落下任何一个贫困群众,并提出通过"两个阶段"全面建成社会主义现代化强国,实现共同富裕。中国共产党人始终不忘初心,不断带领中国人民摆脱贫困,朝着美好生活前进。

(二)消除致贫的制度性因素

1. 土地制度

马克思说,土地"即一切生产和一切存在的源泉"。作为最基本的农业生产资料之一,土地是农民安身立命的根本,土地制度关乎农民的切身利益,尤其是关乎极度依赖农业生产的贫困人口的利益。在封建土地所有制下,"富者田连阡陌,贫者无立锥之地",广大农民被封建政权剥削、被地主剥削,陷入长期的贫困。中国共产党领导中国人民进行新民主主义革命,始终将土地革命摆在重要的位置,赢得了广大人民群众的拥护。新中国成立之初,《中华人民共和国土地改革法》颁布,明确"废除地主阶级封建剥削的土地所有制,实行农民的土地所有制,借以解放农村生产力,发展农业生产"。社会主义土地公有制的建立,实现了农村土地的平均分配,解决土地私有制导致的土地集中问题,农民历史性地平等拥有土地,为中国农民摆脱贫困奠定了坚实的基础。表2-2显示了中国土地改革前后农村各阶层人口比重及其占有耕地的比重。

表 2-2　土地改革前后农村各阶层的耕地占有情况　　(%)

	土地改革前		土地改革后	
	人口比重	占有耕地比重	人口比重	占有耕地比重
贫雇农	52.37	14.28	52.22	47.1
中农	33.13	30.94	39.9	44.3
富农	4.66	13.66	5.3	6.4
地主	4.75	38.26	2.6	2.2
其他	5.09	2.86	—	—

资料来源：杜润生.中国的土地改革.北京：当代中国出版社，1996：360.

改革开放后家庭联产承包责任制的实施，使所有农户都获得了土地的长期使用权，农户可以自主经营并获得土地产出的绝大部分收益。这是农业增长能惠及贫困家庭并带来较高的减贫效果的重要原因。

2. 初始收入分配制度

新中国成立之初，国家百废待兴，收入分配差距相对较大。为了彻底解放生产力和发展生产力，中国共产党领导人民群众进行了社会主义改造，建立了社会主义基本制度。作为社会主义改造的重要内容，农业和农村也迎来了一系列改造政策，包括农业合作化运动、人民公社运动等，平均主义盛行，收入分配差距随之大幅缩小。1953 年，社会主义改造时，全国的基尼系数为 0.558，1964 年人民公社时期下降到 0.305，1970 年"文化大革命"时期进一步降至 0.279，到 1978 年改革开放时为 0.317，同期全国农村的基尼系数为 0.212。改革开放伊始，中国的收入分配差距很小，基尼系数在世界范围内都处于较低的水平（见图 2-2），因此中国经济增长（特别是农业增长）的减贫效应十分显著。1978—1984 年，第一产业增长率为

7.3%，农民人均纯收入增长率达到 16.5%，按照 1978 年的贫困线标准，同期贫困人口下降率达到 10.6%。

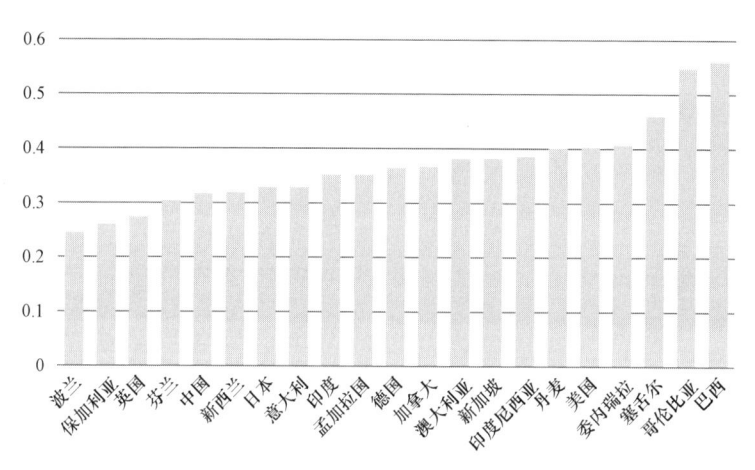

图 2-2　1978 年部分国家基尼系数
资料来源：根据 Branko Milanovic 的基尼系数数据库（2016）整理。

3. 公共服务

著名发展经济学家、诺贝尔经济学奖获得者阿马蒂亚·森认为，人是社会动物，对贫困人口的关注不应只放在收入和物质水平，更应放在可行能力上，既包括能否自由行使各类权利，如选举权和被选举权，又包括是否具备创造收入的条件，如健康、足够的知识水平等。2011 年，《中国农村扶贫开发纲要（2011—2020 年）》发布，医疗和教育纳入"两不愁三保障"，成为贫困人口脱贫的硬指标。精准扶贫以来，各级地方政府都将医疗和教育作为扶贫开发工作的重中之重，为确保基本医疗有保障，各地政府纷纷建立了多重医疗保障机制，大多数都是以"基本医疗保险＋大病救助＋商业医疗保险＋其他补助"的形式出现，大部分地区贫困人口看病自付比例不超过 10%，加之"先诊疗后付费"和"一站式"结算制度，贫困人口"看病贵"的问题得到了有效解决。在慢性病方面，国家卫健委推出慢性病签约服务制度，要求贫困人口都有家庭签约医生且定期开展服务。同时，为解决"看病难"的问题，各地政府加强构建县、乡、村三级医疗体系，完善村卫生室软件和硬件建设，贫困村卫生室服务条件得到明显改善。脱贫攻坚之前，笔者在西部某贫困县调研时发现全县将近一半的卫生室无法使用，房屋基本是危房，甚至许多卫生室已荒废多年，杂草丛生。2020年，笔者再次到该县调研时发现村卫生室硬件和软件条件都相当完备，药品齐全，观察室、诊疗室、制剂室、输液室"四室分离"；村医数量充足，还建立了分班轮岗制度，基层医疗卫生服务体系基本健全。在教育方面，为做好义务教育有保障工作，各地政府联合公安、教育部门建立了控辍保学体系，确保不落一人；动员广大教师队伍完善特殊教育，对因身体原因不能上学但是有条件的适龄少年儿童实施送教上门，确保义务教育阶段特殊教育的完善；义务教育阶段免学杂费，落实"两免一补"优惠政策，这些举措都切实减轻了家有小孩的贫困家庭的上学负担。

（三）合理的减贫战略

1. 经济增长与扶贫开发

减贫的主要原因是什么？一个国家贫困人口要大幅度减少，没有持续的经济增长是不可能的。从国际上看，这些年来减贫速度最快的是东亚地区，东亚地区也是经济增长最快的地区。经济增长慢的地方减贫就很慢，这个很容易理解。因为穷不穷主要是用经济福利指标来测量的，首先是消费支出，然后是收入。只有经济增长才能提高收入和消费支出，从而减少贫困。国际上的一些研究表明，从长期来看，95%的减贫是经济增长带来的。如果一个国家不去发展经济，只单纯扶贫在长期来看是没有作用的。扶贫是需要钱的，没有经济增长和财政收入的增加，扶贫的钱又从哪里来呢？影响减贫的另一个重要因素是收入分配，在同样的经济增长速度下，收入分配越公平就越有利于减贫。如果收入分配不平等程度提高，就会对减贫产生负面影响。中国的经济增长很快，收入不平等问题也越来越严重。好在经济增长速度高到足够抵消收入分配带来的负面影响，从而实现了可持续减贫。

比较中国的人均 GDP 增长率和贫困发生率的变化，就可以清楚地看到两者之间的负相关关系。GDP 增长率越高，贫困发生率下降越快。我们可以计算经济增长对减贫的弹性，这个值为－0.52，即 GDP 每增加 1%，贫困发生率就会下降 0.52%。世界银行的两位学者做了类似的研究，他们用消费支出的变化代表经济增长，消费支出增长的减贫效果更加明显。人均消费每增加 1%，贫困发生率就下降 2.7%，贫困缺口率下降 2.9%。

经济增长来源于三个不同的产业，即第一产业、第二产业和第三产业，每一个产业的增长对减贫的影响是不一样的。在中国和其他很多发展中国家，以农业为主的第一产业的减贫效应是最高的。首先，中国的贫困人口主要在农村。按同一条贫困线标准衡量（在调整了生活成本差距后），99% 贫困人口在农村，即使把农村的流动人口算成城镇人口，农村贫困人口也占到 95%。贫困人口主要在农村，当然农村的经济增长对贫困人口影响就更大。第一产业增长的减贫弹性是－1.13，是总体经济增长减贫弹性的 2 倍以上。世界银行的两位学者估计的第一产业减贫弹性是第二和第三产业减贫弹性的 4 倍。

中国农村贫困人口受益很大程度上与中国的土地制度有

关。中国的农业土地在农村是平均分配的，贫困人口也平等地享有土地的使用权。这与其他发展中国家不一样，如南亚和拉美很多贫困人口没有土地，或者土地很少。如果贫困人口没有土地或土地很少，那么农业增长受益的主要是地主。新中国成立之前，大量的极贫人口也是无地和少地的农民。

农业的减贫效应更大也与贫困人口的收入结构有关，越是贫困家庭越可能以农业为生。以2006年的收入结构为例，在20%的最低收入组中，农业收入占54%，而20%的最高收入组农业收入只占32%[①]。低收入人口一半以上的收入来源于农业，农业增长对他们的影响当然更大。

农业增长对贫困家庭还具有正外部性。从一个国家的角度来讲，尽管国家越发达农业的GDP比重就越低，但一旦农业出现问题就会导致严重的问题，小则出现通货膨胀，大则引起社会动荡。农产品供应问题不解决就不能用更多的资源去发展其他领域。如果吃饭问题没能解决，就要把大量的资源用来解决吃饭问题，特别是像中国这样的大国。中国的改革之所以成功，从农村改革开始，来优先解决农产品供给问题是非常重要的。家庭层面也是一样的道理，对于农民来说，只有温饱问题解决了，才能平衡更多的资源用于其他方面的发展。

尽管持续的高速经济增长对中国的大规模减贫具有决定性的作用，但从20世纪80年代中期开始的扶贫开发也起到了重要的补充作用，并且扶贫开发的作用随时间的推移越来越重要。1986年，国务院贫困地区经济开发领导小组（1993年更名为国务院扶贫开发领导小组）成立，正式启动了大规模有针对性的扶贫计划，到目前为止已经开展了30多年。经济增长

---

① 根据国家统计局住户调查数据计算。

能够带动条件较好的很多地区和能力较强的大部分人口脱贫，但中国区域差距大，地理环境、资源禀赋、基础设施、人力资本等在东中西部之间存在很大的差距，这种差距导致了不同地区发展速度不一样。对于基础条件差、起点低、发展慢的地区，如果没有针对性的扶持政策，就会与其他地区不断扩大差距，生活在这些地区的贫困人口就难以最终摆脱贫困。即使在非贫困地区，也有部分人口由于自身和家庭的原因难以从经济增长中受益，长期处于贫困状态。

针对这些困难地区和人群，不能完全依靠内生的增长机制摆脱贫困，有针对性的扶贫开发就是为了帮助贫困地区发展更快，让贫困人口摆脱贫困陷阱。30多年来，国家在扶贫上做了很多事情，实施了很多扶贫政策。从1983年开始，部分区域实施易地扶贫搬迁，比如从"三西"地区[①]的小规模试点到"十三五"期间1 000万规模的贫困人口易地搬迁。1984年，开始实施以工代赈工程，贫困地区的闲置劳动力在修建小型基础设施的同时获得实物或现金收入。1986年开始实施贴息贷款计划，为贫困地区和贫困人口提供有利息补贴的贷款，20世纪80—90年代的扶贫贴息贷款利息长期维持在3%以下，目前脱贫攻坚阶段贫困户的扶贫贷款完全免息。1986年设立财政发展基金，用于贫困地区的基础设施、公共服务、技术推广等方面。1986年开始了社会扶贫，动员党政机关、事业单位、国有企业和社会团体参与定点扶贫。

为了改善贫困地区的义务教育，1995年开始在西部地区实行贫困地区义务教育工程。1996年在借鉴国外经验的基础上启动小额信贷计划，探索为贫困人口提供贷款的另外一种途径。

---

① 甘肃定西、河西和宁夏的西海固地区。

小额信贷强调的不是贴息，利息甚至比商业贷款利息还高，因为贫困人口贷款成本高，强调的是给贫困人口提供贷款的机会。2001年开始实施"整村推进"，以贫困村为对象进行综合开发，改善村庄的生产生活条件，提高生产能力。2004年开始实施劳动力培训转移项目，对贫困地区的劳动力进行短期职业培训使其提高技能，并在发达的地区和城镇为他们提供就业机会，获得工资收入。2004年实施产业扶贫，培育贫困地区的农业龙头企业并要求它们带动贫困人口创收。同年启动了西部地区"两基攻坚"，即"基本普及九年义务教育、基本扫除青壮年文盲"。为了进一步缓解贫困户贷款难的问题，2006年开始贫困村村级互助资金试点，让贫困村自己管理小额信贷资金，提高贫困户贷款的可获得性并降低因信息不对称导致的还款风险。2007年最低生活保障政策全面在农村地区推行，启动了农村社会保障制度，从而进入了以开发式扶贫为主、以社会保障为辅的新阶段。中国的农村扶贫长期以开发式扶贫为主，即不直接给钱，而是帮助人们改善生产生活条件，鼓励贫困人口靠自己的努力获取收益。但农村中总有一部分家庭丧失了劳动力，只能靠社会保障来保障其基本生活。2011年，一个重大的政策调整是实施片区开发，在全国确定14个集中连片特困地区进行综合开发，重点是大型的基础设施、公共服务、生态环境保护和产业发展等，目的是改善整个区域的发展条件。2013年开始实施精准扶贫，2015年开始脱贫攻坚，随之实施了一系列有针对性的精准扶贫项目。从中国扶贫开发的政策演变可以看出，从20世纪80年代初期开始，扶贫策略和政策随着贫困状况的变化和经济社会的不断发展进行调整，各类政策既有延续性也在不断创新，有些政策持续了30多年（如财政发展资金、以工代赈、贴息贷款、社会扶贫等)。

2. 可行的扶贫模式

党的十一届三中全会揭开了改革开放的序幕，会议的一个重要决定是把党和国家工作的重点转移到经济建设上来。"让一部分人一部分地区先富起来，最终达到共同富裕。"1978年12月，邓小平指出，"当然，在西北、西南和其他一些地区，那里的生产和群众生活还很困难，国家应当从各方面给以帮助，特别要从物质上给以有力的支持"[①]。1979—1985年，中国经济体制改革促进了经济的全面持续增长，以家庭联产承包责任制和农产品价格调整为重要内容的农村体制改革，作为一种益贫式的增长方式，使农民收入普遍增加，农村贫困大规模减少。从收入增长效应上看，1978—1985年，农村居民实际人均纯收入增长169%，年均增长15.1%；从收入分配上看，农村基尼系数从1980年的0.241降到1985年的0.227，农村内部收入差距更为平等。按1978年的100元的贫困线标准估计，1978年中国贫困发生率为30.7%，贫困人口规模为2.5亿人，占世界贫困人口的比例约为1/4。到1985年，中国解决了一半人口的温饱问题，农村贫困人口剩余1.25亿，贫困发生率为14.8%，年均减贫1 786万。但这一时期，对贫困地区的扶持主要是以"撒胡椒面"式的实物救济（"输血"）为主，救济形式单一、分散，力度较低，很难集中解决一些制约区域发展的重要问题。

20世纪80年代中期开始的扶贫开发工作，尝试改变以往无偿救助为主的扶持政策，转而以生产帮助为主、以无偿救济为辅。其主要内容是为贫困农户提供信贷资金，实行以工代赈，兴建基础设施，建设基本农田，推广农业实用技术，扩

---

① 邓小平. 邓小平文选：第2卷. 2版. 北京：人民出版社，1994：152.

大就业机会等。1984年，党中央、国务院颁发了《关于帮助贫困地区尽快改变面貌的通知》，基本目标是解决贫困地区的基本温饱问题，对策是经济开发。当时，对贫困地区的资金和物资扶持主要用于发展生产，改变生产条件，增强地区经济活力，本质上是一种区域扶贫开发政策，注重经济开发、多种经营、商品经济等问题。80年代，为了帮助老少边穷地区尽快改变贫困落后面貌，国家先后设立了7笔专项扶贫资金：支援经济不发达地区发展资金、支持老少边穷地区贷款、支援不发达地区发展经济贷款、"三西"农业建设专项补助资金、扶贫专项贴息贷款、牧区扶贫专项贴息贷款、县办企业专项贷款，每年资金总额达到40亿元左右，其中3/4左右属于低息或贴息的信贷资金。"七五"期间每年增加扶贫专项贴息贷款10亿元，通过实行以工代赈，发展贫困地区水利、公路、电力等基础设施，当时的以工代赈直接满足贫困地区群众的基本需求，提供了大量就业机会和消化了部分滞销产品。

"七五"扶贫开发的基本目标是解决温饱问题。"八五"扶贫开发工作是在这个基础上实现两个稳定：一是加强基本农田建设，当时的考虑是一人开发半亩到一亩的基本农田，提高粮食产量。主要做法是保水、保肥、保土、治山、治沟、种草、种树。主要目的是通过建设基本农田解决贫困地区粮食问题，进而解决吃饭和增收问题。二是发展多种经营，进行资源开发，建设区域性支柱产业。当时的经验是一户有几亩经济林或者几头牛、一群羊，就可以稳定地解决温饱问题；一个村抓住一两个优势项目，一两年就可以收到明显成效。从这一时期开始，扶贫工作更加注重从单纯救济向经济开发转移，依靠科技进步和提高农民素质。扶贫政策逐渐考虑从按贫困人口平均分配资金向按项目、按效益转变,从单向输入资金向综合输入资金、技术、物资、培训、管理等转变。

这一系列政策措施取得了一定的效果,1992年,中国农村贫困人口从1985年的1.25亿减少到了1992年的约8 000万,累计减贫约4 500万,年均减少贫困人口643万,但这一时期贫困人口的下降速度明显低于改革开放初期的头7年。如果不采取特殊行动,中央既定的20世纪末解决农村温饱问题的任务可能就完成不了。1994年,中国政府公布《国家八七扶贫攻坚计划》,标志着中国扶贫开发进入集中资源用7年时间解决8 000万贫困人口温饱问题的决战时期。在扶持范围上,以调整后的592个国定贫困县为扶持的重点,中央财政、信贷、以工代赈等扶贫资金主要集中投放在国定贫困县;在扶持资金投放上,以调整投向后的中西部省、区为重点,重大项目向贫困地区倾斜;在扶贫资金投入结构上,以中央投入为主,加大省、市投入;在扶贫责任制上,强调统一领导、分级负责、以省为主。当时的扶贫工作的目标是解决贫困户的温饱问题,实践证明,种植业、养殖业和以农产品为原料的加工业是当时最有效的扶贫产业,贷款回收率也相对较高。主要做法是,通过扶贫经济实体组织经济开发,将经济开发和扶持到户结合在一起,把解决温饱的工作指标量化到户,提高资源开发的水平和效益。扶贫信贷资金统一由中国农业银行和中国农业发展银行来管理,将扶贫资金的分配使用与效益直接挂钩,把到期贷款回收比例作为衡量扶贫开发工作成效的一个重要指标,让扶贫经济实体承包扶贫项目,统贷统还,而非直接向农户分散贷款。1994—2000年,中央政府每年再增加10亿元以工代赈资金、10亿元扶贫专项贴息贷款。实际上,中国政府的扶贫投入由1994年的97.85亿元增加到2000年的248.15亿元，累计投入中央扶贫资金1 127亿元，相当于1986—1993年扶贫投入总量的3倍。经过几年的扶持，贫困人口的结构和分布状况发生了很大的变化，投入资源较多的重点县脱贫速度明显加快。到2000年，全国没有解决温饱问题的贫困人口减少到了3 200万，占农村贫困人口的比重下降到3%左右，中央确定的扶贫攻坚目标基本实现。

到21世纪初，中国农村贫困人口温饱问题基本解决，大面积绝对贫困现象明显缓解，新阶段的扶贫开发是在社会主义市场经济体制初步建立、国民经济和社会发展进入新阶段的背景下进行的。当时面临的情况主要是：从贫困人口分布状况来看，贫困人口数量减少，相对集中；从外部环境来看，市场经济条件下扶贫开发受到市场和资源的双重约束；从发展的机遇来看，有西部大开发的良好机遇。经济增长的减贫效应下降、贫富差距不断拉大、一般性的扶持政策难以奏效是当时面临的一些突出问题。在温饱问题取得阶段性胜利后，需要确定下一阶段扶贫开发的重点对象和范围。2001年公布的《中国农村扶贫开发纲要（2001—2010年）》确定的基本目标概括来说是"巩固温饱成果，为达到小康水平创造条件"。21世纪头10年扶贫开发战略主要是"一体两翼"，"一体"是用整村推进来改善14.8万个贫困村的生产生活生态条件，提高贫困村的发展能力。"两翼"是指贫困地区劳动力转移培训和龙头企业产业化扶贫，主要目的是促进贫困人口的市场参与。贫困地区劳动力转移培训政策使贫困人口的素质提高并获得稳定的就业，这是一种"非农产业"的脱贫路径。扶持各种类型的龙头企业的目的是带动贫困地区调整农业产业结构，促进产业化的发展，直接和间接带动贫困人口脱贫。除"一体两翼"外，适当的公共转移政策和众多的惠农政策，加上全面实施农村最低生活保障制度，在一定程度上有助于贫困人口的收入增长和缩小贫困地区收入差距。

以往的贫困线标准过低，与中国的实际发展水平相脱节。2011年，中国政府大幅提高了贫困线标准，将农民人均可支配收入2 300元（2010年不变价）作为新的国家扶贫标准，各省（区、市）也可以根据当地实际制定高于国家扶贫标准的地方扶贫标准。新阶段扶贫工作的总体目标是稳定实现贫困人口的"两不愁三保障"，同时要求贫困地区农民人均纯收入增长幅度高于全国平均水平，基本公共服务达到全国平均水平。其中，"两不愁"在于解决温饱和极端贫困问题，巩固前期脱贫成果；"三保障"侧重于解决人力资本和发展能力问题，是新时期需要重点解决的问题。强调贫困地区的收入增长和公共服务，主要是要进一步缩小区域差距，解决区域性整体贫困问题。这一时期，除原有的以县、村为主要单位的扶贫计划外，国家又划定了14个集中连片特困地区作为扶贫开发的单元之一，利用区域差异性政策解决长期存在的区域发展瓶颈问题。

党的十八大以来，党中央、国务院将精准扶贫、精准脱贫作为扶贫开发的基本方略，扶贫工作的总体目标是"到2020年确保我国现行标准下农村贫困人口实现脱贫，贫困县全部摘帽，解决区域性整体贫困"。新阶段的中国扶贫工作更加注重精准度，要求扶贫资源与贫困户的需求准确对接。习近平总书记提出了"六个精准"[①]的要求，国家实施了"五个一

---

① 扶持对象精准、项目安排精准、资金使用精准、措施到户精准、因村派人精准和脱贫成效精准。

批"[1]并重点解决"四个问题"[2]。中央和地方政府均加大了对扶贫开发的投入力度，根据国务院统计，2013—2019年，中央财政专项扶贫资金投入年均增长26.0%，省市县财政扶贫资金投入也大幅度增长，使得中国贫困规模大幅缩小。减贫速度明显加快，中国农村贫困人口由2012年底的9 899万减少到2019年底的551万，累计减贫9 348万，年均减贫1 335万，贫困发生率从10.2%下降到0.6%，累计降低9.6个百分点。2020年，则完全消除了绝对贫困现象。

回顾中国的扶贫开发历程可以发现，中国大规模减贫的主要推动力量是经济增长，特别是贫困地区的农业和农村经济的持续增长，而农业和农村的经济增长又是在一系列的改革开放措施、持续的人力和物质资本积累和不断的技术进步下实现的。有针对性的开发式扶贫，通过实施区域性的基础设施和公共服务建设，在帮助贫困地区经济社会发展方面起到了重要作用，有助于缓解日益扩大的收入分配差距和缩小贫困地区和一般地区的发展差距，使原本并不利于贫困人口的经济增长过程在某些方面和一定程度上有利于贫困人口。而精准扶贫则进一步将贫困人口作为扶贫开发的首要对象，大幅提高了扶贫工作的成效。

40多年来，中国的农村扶贫走了一条从以贫困地区开发为主的扶贫转向以贫困家庭和人口为对象的精准扶贫之路。20世纪80年代开始的扶贫开发主要策略就是促进贫困地区的区域发展，间接带动贫困人口脱贫。区域开发式扶贫本质上是一种通过促进贫困人口集中区域的优先发展来实现减贫的方法。

---

[1] 发展生产脱贫一批、易地扶贫搬迁脱贫一批、生态补偿脱贫一批、发展教育脱贫一批、社会保障兜底脱贫一批。

[2] 扶持谁、谁来扶、怎么扶、如何退。

有研究表明，中国的扶贫经验证明瞄准区域可能是扶贫资源准确到达贫困人口手中的一个非常有用的"利器"，对于贫困地区农户的收入增长也有较大的作用[①]。这主要是因为开发式扶贫为所有农户特别是那些有劳动能力和劳动意愿的农户提供了依靠自己主动响应来增加收入的机会。

改革开放初期，针对贫困分布的区域性特征，中国政府以县为单元确定国家扶持的重点，这是按区域实施反贫困计划的基础，将县作为扶贫开发优先单元的主要原因在于：一是中国贫困的区域分布较为清晰，限制区域发展的制约因素较多，其中县域经济的辐射和带动具有重要意义，优先解决影响县域经济发展的自然、资源、环境、交通、教育、人口等限制性区域发展的瓶颈性因素，能够为贫困人口提供更多的发展机会。二是在中国行政体制中，县是一个承上启下、无法跳过的重要层级，具有比较完整的行政区划和组织结构。县作为一个执行单元，在传递扶贫政策、组织扶贫开发、调配扶贫资源、实施和监管扶贫项目方面花费的成本相对较低。三是不管以任何贫困标准来衡量，贫困县贫困人口数量众多、占总人口比例很高，是改革开放初期面临的突出问题。当大规模贫困人口出现且分布相对集中时，不需要花费大量人力物力财力去瞄准，用县级瞄准的扶贫政策能覆盖绝大部分贫困地区，"撒网式"方法也能覆盖到大量贫困人口，从而可以节约大量的识别成本和组织成本。四是当政府财政能力一般，且尚不具备实行大规模投入能力的时候，选择一些贫困程度较深的贫困县进行重点扶持，以县为单元进行资源分配和集中管理，符合财政资金投入利用

---

① PARK A，WANG S G，WU G B. Regional poverty targeting in China. Jounal of public economics，2002（1）.

最大化的要求。

《国家八七扶贫攻坚计划》实施期间，贫困县仍然是主要扶持对象。其原因在于：一是 592 个贫困县贫困人口数量众多，1994 年国定贫困县覆盖的贫困人口占全国 8 000 万贫困人口的 71%。二是当时的财政和资金能力适宜集中力量解决贫困人口多、贫困程度深的贫困县的突出问题。三是贫困县政策涉及资源优惠分配，利益关系复杂，短时期无法立刻取消，只能通过适当的省际和省内名额"进退"来进行调整。这一时期，贫困县内扶贫攻坚主战场是贫困户较为集中的贫困乡和贫困村，中央扶贫资金全部用于国家重点扶持的贫困县后，由县把贫困程度更深的贫困乡、贫困村作为项目覆盖的目标，以便集中有限的资源帮助贫困程度较深的区域。根据 1995 年对 25 个省份的统计，1994 年以来已经确定扶贫攻坚重点乡 9 399 个，占全国乡镇总数的 19.5%，确定的扶贫攻坚重点村 70 333 个，占全国行政村总数的 8.8%。

21 世纪头 10 年的扶贫开发，国家扶持的重点从县转向县和村。除了 592 个国家扶贫开发重点县外，在全国范围内确定了 14.8 万个贫困村进行"整村推进"。国家扶持的区域范围从贫困县扩展到非贫困县的一些偏远贫困村庄。将扶贫对象扩展到村的原因是，单纯以贫困县进行扶持会遗漏很多非贫困县的贫困人口，导致贫困县和条件相似的非贫困县的差距扩大。当贫困人口越来越少时，贫困县内扶贫资源外溢到非贫困户的现象就会越来越严重，而非贫困县的贫困农户又被排斥在扶贫资源享受对象之外，从而降低扶贫效率。以贫困程度深的村为单位进行扶持在当时是一个比较好的选择。中国的乡村构成了一个比较完整的社区，是中国行政区划体系中最低、最基层的一级，有相对完整的组织结构。在村级实施扶贫项目，特别是基础设施和公共服务项目，既有利于改善贫困村的生产生活条件，也有利于村民的直接参与。根据国家统计局的贫困监测调查，对贫困村的扶持效果明显。2001—2009年，贫困村的农民人均可支配收入的增长速度要高于贫困县，基础设施和公共服务的改善也快于贫困县。

党的十八大以来，习近平总书记高度重视扶贫工作。根据宏观形势的变化和到2020年全面建成小康社会的需要，中央颁布了《关于打赢脱贫攻坚战的决定》。为了打赢脱贫攻坚战，中央调整了以往以区域开发为主的扶贫开发模式，将精准扶贫和精准脱贫作为基本方略。精准扶贫就是将贫困家庭和贫困人口作为主要扶持对象，而不再仅仅停留在扶持贫困县和贫困村的层面。这种策略调整是基于我国现阶段贫困人口小集中、大分散的客观现实，以及贫困人口没有从以往的区域扶贫开发中平等受益的实际情况做出的。在贫困人口分散分布的情况下，以县和村为单元进行扶贫开发必然不能覆盖到全部贫困人口，而有限的财力也同时决定了无法采用普惠式的收入转移（全民社会保障）来实现大规模的综合兜底。因此，要确保所有贫困人口到2020年实现脱贫，就必须将全部贫困人口识别出来进行扶持，不论贫困人口是否在贫困县和贫困村。即使在贫困地区内部，由于贫困人口受多种因素的限制，也难以从区域发展中平等受益。在没有直接瞄准贫困户的情况下，像整村推进这类村级综合发展项目，也是富人受益更多，贫困人口受益有限，区域扶贫开发在缩小区域间差距的同时也加剧了贫困地区内部的收入不平等。从区域开发转向精准扶贫，瞄准贫困家庭和个体，因户因人施策，是完成脱贫攻坚目标的必然选择。精准扶贫同时也是抵消因经济增速下滑和收入分配不平等导致的减贫效应下降而必须采取的措施。

三、大规模减贫彰显了中国的制度优势

（一）组织动员

集中力量办大事是社会主义制度优势的重要体现。习近平总书记指出："我们最大的优势是我国社会主义制度能够集中力量办大事。这是我们成就事业的重要法宝。"[①]中国大规模的减贫成就与中国共产党的领导力密切相关，从中央出台减贫政策到地方各级各部门落实减贫措施，从省、市、县、乡、村五级书记抓扶贫到层层签订责任书，从扶贫考核到乡村扶贫治理，中国政府的组织动员体系严密高效。

1. 中国五级扶贫体系及其责任分工

中国的行政体系分为五级，分别是中央、省（自治区、直辖市）、市（地区、自治州、盟）、县（区、旗、县级市、行委）、乡（镇、街道）。村民自治委员会虽然不属于行政单位，但是村民委员会对于中国行政体系发挥着至关重要的作用。中国的扶贫开发按照行政体系实行分级负责制。中国大规模有组织、有计划的减贫行动从1982年"三西"地区扶贫开始，到1986年成立国务院贫困地区经济开发领导小组，以及实施《国家八七扶贫攻坚计划》《中国农村扶贫开发纲要（2001—2010年）》《中国农村扶贫开发纲要（2011—2020年）》、脱贫攻坚和精准扶贫等重大扶贫决策，中国政府始终关注扶贫事业，将扶贫开发纳入国民经济和社会发展规划中。自1997年开始，中国确

[①] 习近平.习近平谈治国理政：第2卷.北京：外文出版社，2017：273.

立了扶贫开发省（区、市）负责制，党政一把手负总责，明确了"责任到省、任务到省、资金到省、权力到省"的"四到省"原则，所有到省的扶贫资金一律由省级人民政府统一安排使用，扶贫项目审批权原则上下放到县，省市履行监管责任。

同时，中国政府依托行政体系建立了自上而下完整的扶贫开发机构，以政府为主导高效开展减贫行动，在中央层面成立由相关行政职能部门组成的国务院扶贫开发领导小组，负责统筹国家扶贫开发工作（见图2-3）。国务院扶贫开发领导小组下设办公室，即国务院扶贫开发领导小组办公室（简称"国务院

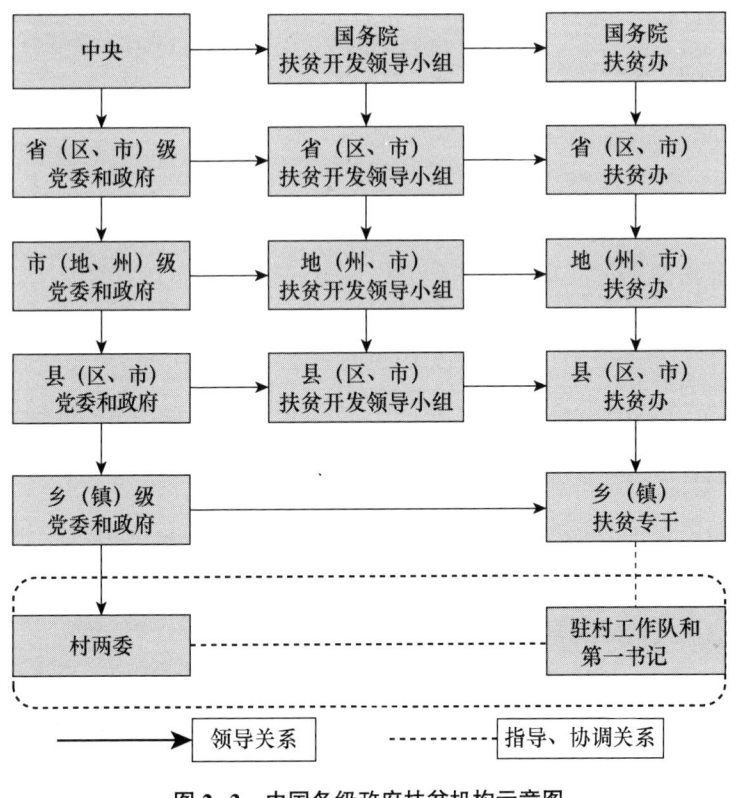

图 2-3 中国各级政府扶贫机构示意图

扶贫办"），负责承担领导小组的日常工作。各级地方政府也成立了相应的扶贫开发机构，统一领导和协调本地区的扶贫开发工作。自脱贫攻坚以来，中国政府针对农村基层扶贫治理相对薄弱的现象，向贫困村派驻第一书记和驻村工作队，专责脱贫攻坚。

2.脱贫攻坚责任体系：中央统筹、省负总责、市县抓落实

中国政府全面落实脱贫攻坚责任制，按照中央统筹、省负总责、市县抓落实的工作机制，制定了驻村工作队、第一书记、帮扶责任人等因村因户帮扶措施，构建了责任清晰、各负其责、合力攻坚的责任体系，实现了省、市、县、乡、村五级书记一起抓扶贫、层层落实责任制的治理格局。同时，层层签订脱贫攻坚责任书，立下军令状，确保坚决打赢脱贫攻坚战。

党中央、国务院主要负责统筹制定脱贫攻坚大政方针，出台重大政策举措，完善体制机制，规划重大工程项目，协调全局性重大问题、全国性共性问题，组织实施对省级党委和政府扶贫开发工作成效考核。省级党委和政府对辖区内脱贫攻坚工作负总责，并确保责任制层层落实，建立扶贫资金增长机制，加强对贫困县的管理。市级党委和政府负责协调跨县扶贫项目，对项目实施、资金使用和管理、脱贫目标任务完成等工作进行督促、检查和监督。县级党委和政府承担主体责任，县级党委和政府主要负责人是第一责任人，负责精准识别、精准帮扶、精准脱贫等工作。村两委、驻村工作队、第一书记站在脱贫攻坚战的最前线，向贫困群众宣传扶贫政策，落实扶贫措施，组织扶贫工作。

3.县级干部的考核、任免和脱贫攻坚责任

中国在脱贫攻坚期内保持贫困县党政正职稳定，实行不

脱贫不调整、不摘帽不调离的干部管理制度，保证了贫困县扶贫开发的延续性，引导了贫困县党政领导班子树立正确的政绩观，促进了贫困县转变发展方式。根据《关于改进贫困县党政领导班子和领导干部经济社会发展实绩考核工作的意见》，从贫困县经济社会发展滞后的实际出发考核县级干部，不简单考核经济增长速度，注重对与减贫脱贫紧密关联的民生改善、社会事业发展实绩的考核。通过把脱贫攻坚的成效作为选拔使用干部的试金石，引领各级领导干部积极投入脱贫攻坚的事业当中。

4. 构建"三位一体"大扶贫格局

扶贫开发事业是一项综合性的工作，中国政府构建了"专项扶贫、行业扶贫、社会扶贫"的"三位一体"扶贫开发工作格局。除了政府主导，中国大规模的减贫成效的取得离不开社会力量的贡献。政府主导主要分为专项扶贫和行业扶贫两块，专项扶贫主要是国家安排财政专项扶贫资金，由扶贫部门负责组织实施的扶贫项目，直接帮助贫困地区和贫困群众，例如整村推进、以工代赈、易地扶贫搬迁等一批专项扶贫政策。行业扶贫主要是农业、水利、交通、住建、教育、卫生等行政职能部门按照职能分工，承担相应的扶贫任务。改革开放以来，行业部门实施的诸如危房改造、道路建设、农村饮水安全工程、学生营养改善计划、教育扶贫、健康扶贫、生态修复工程等行业扶贫措施极大改善了贫困地区和贫困群众的生产生活条件。同时，中国政府积极动员、倡导和部署社会力量参与扶贫事业，1979年便开始组织六省（市）对口支援边境地区和民族地区，1986年就启动了中央和国家机关定点扶贫工作，更有社会各界爱心人士、企事业单位、社会团队始终为中国扶贫开发事业默默贡献力量。改革开放以来，世界银行、亚洲开发银行、联合国等国际机构也一直关注中国的减贫进程。值得一提的是，中国政府一直和国际机构保持良好的合作，积极学习先进的经验，而不是简单接受援助，从而避免像其他国家一样落入"援助陷阱"。

（二）资源动员

扶贫的主要物质基础是资金，资金使用效益的大小直接关系减贫成效的大小，因此扶贫资金必须管好用好。脱贫攻坚之前，在项目制"专款专用"的背景下，涉农资金各自为政，"资金碎片化安排""打酱油的钱不能买醋"的现象始终存在，地方政府知道当地农村经济社会发展短板在哪儿，但是没法"开方抓药"。为解决涉农资金分散、使用效益不高的问题，国务院颁布《关于支持贫困县开展统筹整合使用财政涉农资金试点的意见》，通过试点形成"多个渠道引水、一个龙头放水"的扶贫投入新格局，支持贫困县围绕突出问题，以摘帽销号为目标，以脱贫成效为导向，以扶贫规划为引领，以重点扶贫项目为平台，统筹整合使用财政涉农资金，撬动金融资本和社会资金投入扶贫开发，提高资金使用精准度和效益。此外，《意见》还要求资金使用方案与脱贫攻坚规划相衔接，并建立严格的资金绩效评价机制，要求干扰资金整合的相关部门和对整合方案落实不到位的政府主体进行整改，严格压实各级政府责任。《意见》出台以后，县级政府高位推进，根据当地脱贫攻坚工作短板"开方抓药"，将不同渠道、不同用途的财政涉农资金归集捆绑、统筹使用，充分发挥了资金的规模效益，保障了贫困县产业发展和基础设施建设的资金规模，为有效缓解财政资金沉淀和滞留开辟了道路，为顺利打赢脱贫攻坚战提供了保障。

除了财政资金统筹动员外,社会扶贫中的定点扶贫和东西部协作也动员了大量的社会资源参与扶贫。据国务院国资委统计,截至2020年3月,中央企业2015年以来共投入和引进各类帮扶资金206亿元。据央视新闻报道,仅2019年,东部地区投入财政援助资金229亿元,动员社会捐助物款65亿元,帮助销售贫困地区农特产品483亿元,中央单位向定点扶贫县直接投入帮扶资金67亿元,引进帮扶资金63亿元,帮助贫困地区销售农特产品154亿元。东西部协作和定点扶贫全力以赴投入脱贫攻坚,不仅直接投入资金帮助贫困地区发展,而且立足自身的优势通过各种方式打通贫困地区农产品销售"最后一公里"。

以产业基金扶贫为例,国投创益产业基金管理有限公司(简称国投创益)通过支持贫困地区企业促进贫困地区发展。国投创益是以管理国家民生类基金为主的基金管理人,目前主要管理贫困地区产业发展基金和中央企业贫困地区产业投资基金两只国家级产业扶贫基金。国投创益通过对龙头企业进行投融资,吸引龙头企业在贫困地区发展产业,提高贫困地区产业开放程度,着力构建企业与贫困地区共赢的发展模式,增强企业发展能力和贫困地区内生发展动力。截至2020年底,国投创益共在贫困地区投资160余个项目,投资金额超340亿元。投资项目涉及全国27个省(区、市)、159个市(地、州、盟)、349个县(市、区、旗),投资覆盖了全部14个集中连片特困地区,其中,在"三区三州"等深度贫困地区投资决策项目71个,金额120亿元。引导撬动社会资本2 800亿元;已投项目将直接或间接带动63万人就业,每年为就业人口提供收入53亿元、为地方政府提供税收39亿元。

（三）基层治理

作为扶贫政策的基层实施单位，贫困村经济社会发展相对滞后，部分村两委干部缺乏高效扶贫治理能力，出现了一批基层组织软弱涣散的贫困村。为了打通脱贫攻坚"最后一公里"，驻村帮扶制度应运而生。根据《关于加强贫困村驻村工作队选派管理工作的指导意见》，县级党委和政府根据贫困村的实际情况选派驻村工作队和第一书记，把精准扶贫、精准脱贫成效作为驻村工作队和第一书记的考核依据。同时严格管理，要求每个驻村工作队一般不少于3人，每期驻村时间不少于2年。干部驻村期间不承担原单位工作，党员组织关系转接到所驻贫困村，确保全身心专职驻村帮扶。脱贫攻坚期内，即便贫困村退出的，驻村工作队也不得撤离，脱贫不脱帮扶，坚决防范返贫，确保脱贫攻坚质量。

除了驻村工作队制度以外，为了让贫困户更好地知晓和享受扶贫政策，国家还为建档立卡户选派了帮扶责任人，全国建档立卡户基本实现了帮扶责任人全覆盖。帮扶责任人职责主要包括：一是落实入户联系和动态管理要求，准确了解帮扶对象家庭情况，填好帮扶手册，做到"人清、事清、财清"。二是落实"两不愁三保障"相关要求，介绍好相关政策，协助核查就学状态、劝学返学工作，帮助贫困户看病及报销，帮助搞好危改申请、鉴定、实施和验收工作。三是落实贫困户增收和脱贫户巩固提升要求，结合实际情况，帮助贫困户搞产业，帮助促进有劳动能力的贫困人口稳定就业，提升贫困户发展的内生动力；脱贫后帮扶不脱钩，帮助脱贫户做到有稳定收入，不返贫。驻村帮扶和帮扶责任人制度的建立不仅让在城市工作的干部深入基层，充分了解基层状况，培养了大批优秀干部，而且发扬了党员干部吃苦耐劳的精神，改善了干群关系。

(四) 监督考核

1. 监督机制

监督考核是脱贫攻坚组织体系的特色，有效保障了脱贫攻坚的顺利进行。监督机制包括三类：督查巡查、民主监督和社会监督。

督查巡查是党内监督的重要形式，督查工作坚持目标导向，重点在于推动工作落实。督查工作包括综合督查和专项督查，督查的重点内容包括脱贫攻坚责任落实情况，专项规划和重大政策措施落实情况，减贫任务完成情况以及特困群体脱贫情况，精准识别、精准退出情况，行业扶贫、专项扶贫、东西部扶贫协作、定点扶贫、重点扶贫项目实施、财政涉农资金整合等情况。巡查工作坚持问题导向，重点在于解决突出问题。巡查的重点问题有：干部在落实脱贫攻坚目标任务方面存在失职渎职，不作为、假作为、慢作为，贪占挪用扶贫资金，违规安排扶贫项目，贫困识别、退出严重失实，弄虚作假搞"数字脱贫"，以及违反贫困县党政正职领导稳定纪律要求和贫困县约束机制等。

民主监督是中国特色社会主义民主政治的重要形式之一，主要是各民主党派对8个全国贫困人口多、贫困发生率高的中西部地区开展监督：民革中央对口贵州，民盟中央对口河南，民建中央对口广西，民进中央对口湖南，农工党中央对口云南，致公党中央对口四川，九三学社中央对口陕西，台盟中央对口甘肃。民主监督的内容包括贫困人口精准识别情况、贫困人口精准脱贫情况、贫困县摘帽情况、落实脱贫攻坚责任制情况、重大政策措施执行情况、扶贫资金项目管理使用情况等。民主监督有效发挥了民主党派参政议政的功能，各民主党派立足于在智力、人才、经验、渠道方面的优势，充分发挥专家学者的作用，有效助力了贫困地区的脱贫攻坚工作。

社会监督主要是媒体、个人和社会其他力量对脱贫攻坚的监督，主要是通过脱贫攻坚重大政策公示公告制度、信访监督以及新闻媒体监督三个渠道来进行。比如，脱贫攻坚重大政策公示公告制度让人民群众充分了解到涉及自身利益的政府各项决策，有问题可以随时反映，保障了信息知晓率的高覆盖。2017年，《国务院扶贫办信访工作办法（试行）》明确机关各司、机关党委（人事司）轮流负责信访接待工作。国务院扶贫办信访渠道主要包括党中央国务院等领导同志交办、国家信访局等部门转办、主任信箱、举报电话、群众来信来访等。这些渠道有效扩展和畅通了群众监督的渠道。

2.考核机制

考核机制是以目标为导向，考查脱贫攻坚目标是否完成以及成效如何的机制。总的来看，脱贫攻坚考核机制引入了很多社会力量，有利于推动地方脱贫攻坚工作的落实和完善。一是省级党委和政府扶贫开发工作成效考核。2016—2020年，该考核每年一次，由国务院扶贫开发领导小组组织实施，考核内容主要涉及精准识别、精准帮扶、扶贫资金管理等内容。脱贫攻坚以来，省级党委和政府扶贫开发工作成效考核是推动工作的重要方式。二是东西部扶贫协作考核，考核对象包括东部地区和西部地区，考核内容是组织领导、人才支援、资金支持、产业合作、劳务协作、携手奔小康等六个方面的内容，但是东部地区主要有22项指标，西部地区只有14项指标。三是中央单位定点扶贫工作考核，主要是对定点扶贫事业单位和央企进行考核，考核内容主要涉及帮扶成效、组织领导、选派干部、督促检查、基层满意情况、工作创新等六大内容11项指标。四是贫困县退出专项评估检查，该考核以第三方评估的方式进行。评估检查的主要内容指标包括综合贫困发生率、脱贫人口错退率、贫困人口漏评率和群众认可度，还包括脱贫攻坚部署、重大政策措施落实、基础设施和公共服务改善、后续帮扶计划及巩固提升工作安排情况等。2018年之前退出的贫困县，由国务院扶贫办组织进行检查，2018年后，由省扶贫办组织专项评估检查，中央对贫困县退出进行抽查。

参考文献

[1] 关于一九六三年国民经济计划和一九六四年国民经济计划、一九六三年国家预算和一九六四年国家预算初步安排的决议．人民日报，1963-12-04（2）．

[2] 邓小平．邓小平文选：第3卷．北京：人民出版社，1993．

[3] 中共中央文献研究室．十三大以来重要文献选编：上．北京：人民出版社，1991．

[4] 江泽民．高举邓小平理论伟大旗帜　把建设有中国特色社会主义事业全面推向21世纪．人民日报，1997-09-13（1）．

[5] 胡锦涛．高举中国特色社会主义伟大旗帜　为夺取全面建设小康社会新胜利而奋斗．人民日报，2007-10-16（1）．

[6]习近平.决胜全面建成小康社会 夺取新时代中国特色社会主义伟大胜利.人民日报,2017-10-19(1).

[7]马克思,恩格斯.马克思恩格斯选集:第2卷.3版.北京:人民出版社,2012.

[8]胡绳.中国共产党的七十年.北京:中共党史出版社,1999.

[9]联合国计划开发署驻华代表处.中国人类发展报告2016.北京:中译出版社,2016.

[10]汪三贵,郭子豪.论中国的精准扶贫.贵州社会科学,2015(5).

[11]汪三贵.在发展中战胜贫困:对中国30年大规模减贫经验的总结与评价.管理世界,2008(11).

[12]中共中央、国务院印发《中国农村扶贫开发纲要(2011—2020年)》.中国政府网,http://www.gov.cn/gongbao/content/2011/content_2020905.htm.

[13]KRAAY A. When is growth pro-poor? Cross-country evidence. IMF working papers, 2004(47).

[14]CHEN S, RAVALLION M. China's (uneven) progress against poverty. The World Bank, 2004.

[15]世界银行.从贫困地区到贫困人群:中国扶贫议程的演进:中国贫困和不平等问题评估.2009.

[16]邓小平.解放思想,实事求是,团结一致向前看.人民日报,1983-07-01(1).

[17]汪三贵,曾小溪.从区域扶贫开发到精准扶贫:改革开放40年中国扶贫政策的演进及脱贫攻坚的难点和对策.农业经济问题,2018(8).

［18］庆祝中国共产党成立95周年大会在京隆重举行.人民日报,2016-07-02（1）.

［19］财政部农业司扶贫处.从"四到省"到"四到县"：扶贫开发工作责任制的探索及完善.当代农村财经,2008（7）.

第三章

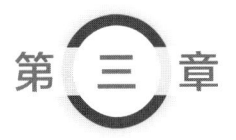

2020年消除绝对贫困的标准是什么

一、扶贫成效是真实的吗

精准扶贫以来,中国贫困人口从2012年底的9 899万下降至0,全国832个贫困县全部摘帽,区域性贫困问题得到有效解决;贫困人口全部脱贫,困扰中国几千年以来的贫困问题得到历史性解决。

从精准扶贫开始,短短8年时间就实现近1亿贫困人口减贫任务,这在世界历史上都是惊人的壮举。面对如此大的成就,难免有人提出:扶贫成效是真实的吗?这种扶贫只是单纯给贫困户发钱,还是改善贫困户生产生活条件和自身能力,从提高内生发展方面促进贫困户长效发展呢?要回答好这个问题,必须从中国贫困人口的脱贫标准和贫困县的摘帽标准说起。

二、中国的脱贫标准

(一)什么是"一达标两不愁三保障"

2011年,中共中央、国务院印发《中国农村扶贫开发纲要

（2011—2020年）》，提出"到2020年，稳定实现扶贫对象不愁吃、不愁穿，保障其义务教育、基本医疗和住房。贫困地区农民人均纯收入增长幅度高于全国平均水平，基本公共服务主要领域指标接近全国平均水平，扭转发展差距扩大趋势"。这一总目标对收入、教育、医疗、住房等基本公共服务进行了明确要求，具体到贫困人口上，脱贫标准可以总结为"一达标两不愁三保障"："一达标"指贫困户人均可支配收入超过当年国家贫困线标准（2020年为4 000元），"两不愁"指贫困人口不愁吃、不愁穿，"三保障"指义务教育有保障、基本医疗有保障、住房安全有保障。"一达标两不愁三保障"的脱贫标准不仅从收入上要求贫困人口须达到基本水平，而且从人类基本生存条件出发提出了全面的要求。在评估检查过程中，从现实情况来说，都会弱化收入指标，将脱贫标准聚焦于"两不愁三保障"。这样做的原因，一是具体收入数字较难调查，农户很难将生产活动中每一笔收益和成本核算清楚，一般采取核实的方式进行。二是"两不愁三保障"的过程和结果较易核实清楚，饮水、住房安全不安全可以通过专业机构来进行鉴定辨别，调研员可以通过实地取水来检查取水时间是不是超过标准，基本医疗可以通过查看贫困人口参保记录、报销记录来核实，是否有义务教育阶段辍学少年儿童可以通过与少年儿童及其家长访谈、查询与上学相关的痕迹、询问邻居以及与教育部门核实等方式进行判断，这些相对来说比较好把握；更重要的是，中央和地方各级政府都明白，单纯把贫困户收入提升到贫困线以上长期意义不大，只有通过帮扶提升贫困户自身发展能力，使贫困人口能自由参与市场竞争与发展，才是"治本之策"，这就是通常所说的"授人以鱼，不如授人以渔"。

（二）为什么脱贫要聚焦"两不愁三保障"

在脱贫标准中，最重要的部分是"两不愁三保障"，"两不愁三保障"是人类维持最低生活水平的基本要求和核心指标。单纯地增加收入，并不能改善贫困人口生产生活条件，实际上也没有从根本上解决贫困问题。贫困是一种复杂而综合的社会现象，其综合而复杂的特点决定了贫困不只是收入的不足，更是生产生活条件的匮乏和权利的缺失。贫困具有多维性的特征，从多维贫困来看，收入只是测量贫困的一个维度，蛋白质摄入不足，没有固定的居住场所，狭窄的就医、上学渠道和权利的缺失也是导致贫困的重要原因，因此，吃、穿、义务教育、基本医疗和住房安全是脱贫标准的应有之义，都是人类在社会上生存下去所必需的基本要求和服务，只有保障好基本生存生活的权利，才是让大家信服的"真脱贫"。贫困具有可逆性，从实现稳定脱贫来看，仅强调收入的提高不能完全解决贫困的可逆性所带来的负面影响，必须从多方面采取综合措施，从致贫原因入手，全方位消除导致贫困的风险因素，才能确实彻底消除贫困。若只是解决某方面问题，其他风险因素产生作用以后，已脱贫的人口也会再次陷入贫困。而饮水、教育、住房、医疗都是致贫因素的重点内容。据统计，全国家中有义务教育阶段适龄儿童的贫困户约占29%，全国因病致贫的贫困人口占比约为36%，家中有重病大病患者的贫困户约占7%，住过危房的贫困户占比约为20%。由此可见，因病致贫、因学致贫、住房安全无保障的贫困人口占相当一部分比重，因此聚焦"两不愁三保障"是实现"真脱贫"的必要内容。这里值得一提的还有教育，教育扶贫不只是单纯解决贫困家庭教育负担过重的问题，更重要的是解决贫困代际传递的问题。目前，相对于非贫困人口，贫困人口学历水平与就业素质依然较低。研究表明，区域性扶贫开发对贫困人口的减贫效果并不好，例如，整村推进工程中的基础设施建设，实际上更多的是使很多村内具有大型农用器械和家庭耐用品的农户从中受益，贫困人口还没达到从基础设施中获利的门槛（因为他们买不起大型农用器械和家庭耐用品），产生这种现象的根本原因在于贫困人口自身发展能力不足，不能通过自身跨越贫困陷阱。因此，教育在减贫方面的作用就凸显了，充分发挥教育阻断贫困代际传递的作用，提高贫困人口后代的学历和能力，是跨越贫困陷阱的重要措施。

总的来说，以"两不愁三保障"为聚焦，以收入为辅助的脱贫标准，是由贫困特征决定的。聚焦"两不愁三保障"是将提升贫困人口内生动力、建立解决贫困的长效机制作为逻辑起点而进行的科学决策。大量事实也证明，只注重贫困人口收入，不彻底改善贫困人口生产生活条件和权利缺失的现实状况，即使减贫取得突出成效，也很难得到大众的认可。

（三）"两不愁三保障"的标准把握

"两不愁三保障"是脱贫标准的核心内容，"两不愁三保障"标准把握关系脱贫攻坚的方向和成效，把握得好可以分步骤、有计划地解决我国的贫困问题，把握不好会产生结果与目标发生偏离的现象。总的来说，既不能降低标准，也不能吊高胃口，是把握脱贫标准的一条总原则。在"两不愁三保障"标准中，"不愁吃"主要包括主食、蛋白质摄入和安全饮水三方面的内容，要求主食是粮食且能吃饱，蛋白质摄入量需充足，每月吃蛋白质食品（肉类、蛋类、奶制品、豆制品中任何一种）至少一次；饮水安全从水质情况、缺水程度情况和取水便利程度情况进行要求，饮用水水质要求符合标准，一年中连续缺水时间不超过一个月，日常用水能满足，单次往返取水时间不超过 20 分钟。"不愁穿"是指要有应季的衣服、被子和鞋且不能主要靠社会捐赠获得。"义务教育有保障"要求义务教育阶段（一般是指 6～15 周岁）适龄少年儿童除身体原因外不能辍学，允许因身体原因而停学，但要对因身体原因未在学校上学但具备受教育条件的适龄少年儿童实行送教上门。"基本医疗有保障"要求城乡居民基本医疗保险、大病保险和医疗救助对建档立卡户全覆盖且得到大病救助后患大病重病不能影响基本生活。"住房安全有保障"要求贫困人口不能居住 C 级或 D 级危房（危房等级以县级及以上住建部门提供的鉴定结果为依据）。目前的"两不愁三保障"脱贫标准是为在有限时间内消除绝对贫困制定的，符合我国社会主义初级阶段的基本国情和目前的发展阶段，符合既不能降低标准也不能吊高胃口的总原则，既防止了"毕其功于一役"的急躁症，又克服了"日日待明日"的拖延症，顺利地推动了脱贫攻坚的进行。

（四）为什么既不能降低标准也不能吊高胃口

1. 习近平总书记关于脱贫的重要论述

习近平总书记多次强调，在脱贫标准上，要咬定目标不放松，既下定决心消除绝对贫困，不能虚假脱贫，降低标准，影响成色，又不能脱离实际，拔高标准，吊高胃口。要切合实际，脱离实际会使大家期望值太高，力不从心。小马拉大车，会导致拉不动，拉不动的结果是好心没办成好事。习近平总书记关于脱贫的重要论述充分彰显了以人民为中心的发展思想，具有人民性、科学性和时代性的特征。"不能虚假脱贫、降低成色"充分体现了人民性的特征，践行了全心全意为人民服务的党的根本宗旨。坚持咬定消除绝对贫困目标不放松，体现了科学性的特征。贫困问题不可能在几年时间消除，但是绝对贫困可以在一定的区域扶贫开发成效基础上通过短时期的特殊政策和超常规举措来消除。先解决绝对贫困，再利用相当长一个时期的常规举措缓解相对贫困，是解决贫困问题科学有效的办法。新中国成立以来，特别是改革开放以来，虽然我国农村经济社会发展取得了显著成就，但是我国仍处于社会主义初级阶段的基本国情没有变。我国也是世界上最大的发展中国家，人口负担较重，社会保障基金结余较少甚至亏损，不具备制定高脱贫标准的条件。但是我国经过几十年的扶贫开发，贫困治理取得一定成效，在现阶段消除绝对贫困的社会基础和物质基础还是具备的，在此时提出消除绝对贫困充分体现了时代性的特征，符合我国经济社会发展的阶段性特征。

2. 降低标准与脱贫成色

脱贫攻坚战是一场没有硝烟的战争，不只是要打赢，更要打好。打好脱贫攻坚战的一个重要体现就是提升脱贫成色，实现贫困人口的高质量脱贫。毫无疑问，脱贫成色又与脱贫标准息息相关。降低标准，脱贫成色会大打折扣，贫困户的切身利益也会受到损害。现阶段我们的主要目标是消除绝对贫困，保证脱贫成色首先是要坚持"两不愁三保障"现行标准，这是人类生存所需的基本物质条件，若再降低标准，势必解决不了贫困人口的基本生存问题。贫困人口基本生存问题都解决不了如何谈脱贫、如何谈消除绝对贫困，更谈不上扶贫贡献获得的世界认可。

此外，要保证脱贫成色还应坚持提升贫困人口内生动力，建立长效脱贫机制，让贫困人口能在社会主义市场经济中实现自我发展、稳定创收，这在脱贫攻坚产业扶贫中有所体现。农业产业是减贫效果最好的产业，既可以在短期内增加贫困人口收入，又能培养贫困人口发展产业的能力，但是农业产业发展也面临风险大的困境，因此产业扶贫是地方政府在实践中比较难以操作的内容。总的来说，中央要求产业扶贫不能简单"发钱发物"，要因地制宜，避免产生同质化的现象，要以提升贫困人口内生动力为重点，坚持产业的可持续发展。与此相关的还有易地扶贫搬迁，在大量资金保障情况下，贫困人口搬迁的硬件条件已达标准，"搬得出"问题已解决，但重要的是搬迁人口的后续帮扶，即"稳得住"，搬迁人口在迁入地可以通过发展特色产业或者在当地扶贫车间务工解决生活问题。所以，虽然产业扶贫和易地扶贫搬迁后续帮扶不作为贫困人口脱贫标准之一，但在实际评估检查中，作为重要的关注点备受考核评估队伍关注，作为问题要求地方政府解决。

3. 拔高标准的负面激励和悬崖效应

当前我国仍处在社会主义初级阶段，只能将有限的资源和人力放在当前迫切需要解决的问题上。贫困涉及经济社会发展方方面面，若是单个方面拔高标准，必定会影响其他方面资源的投入，最终也会影响整体的减贫效果。因此，拔高标准会产生一定的负面激励和悬崖效应。在脱贫攻坚初期，部分地方政府对脱贫标准理解不透彻，出现拔高标准的现象，如要求户户通硬化路、贫困户住院全报销甚至还领补贴，危房改造面积超标等，造成了一系列负面激励和悬崖效应。

一是造成了资金使用效益不高和资源的浪费。例如西南地区贫困人口居住分散，没有必要实现户户通硬化路，户户通硬化路会造成资源浪费，资金使用效益不高。部分地方将资金放在保障大病上，但是一些常见病和慢性病却得不到保障，慢性病在短时间内不能痊愈，需要长期服药，占贫困户支出的很大一部分，这一部分支出应该得到保障。当然大病的支出更高，但是有些地方不顾条件，把贫困户报销比例定到95%以上，严重超出了现阶段财力能承受的范围，这种拔高标准的做法会严重影响医保基金的持续运行。

二是给贫困户造成了负面激励。贫困户住院免医药费甚至还领取补贴造成贫困户冬天没大病也在医院住院赚取补贴，医院人满为患，严重浪费公共资源。

三是加重了贫困户的负担。盲目提高贫困户危房改造面积，造成贫困人口债台高筑，反而增加了负担，使贫困人口面对其他风险更加脆弱。

四是加剧了悬崖效应。有些贫困村和非贫困村在脱贫攻坚之初基础设施条件相差不大，但是由于盲目提高贫困村基础设施建设标准，造成悬崖效应越来越大。目前，部分非贫困村比贫困村的基础设施还要差很多。

这些都是拔高标准造成的不良后果。

（五）贫困县的识别历程与摘帽标准

从微观层面来看，贫困人口脱贫是消除绝对贫困的主要任务目标；从宏观层面来看，消除绝对贫困还要求832个贫困县政府摘掉贫困县的帽子。贫困县识别的历史可追溯至1986年，当时，按1985年农民人均纯收入计算，农区县低于150元，牧区县低于200元，革命老区县低于300元，即列入国家扶持范围。当时纳入国家重点扶持的贫困县有331个。1994年《国家八七扶贫攻坚计划》开始时，对贫困县进行了调整。按照

1992年农民人均纯收入超过700元的县一律退出、低于400元的县全部纳入的方法，在全国确定了592个国家重点扶持贫困县。2001年，《中国农村扶贫开发纲要（2001—2010年）》对国家重点扶持的贫困县进行第二次调整，将贫困县改称为国家扶贫开发重点县，并将东部33个重点县指标全部调到中西部，东部不再确定国家级重点县。同时西藏全区享受重点县待遇，不占重点县指标。至此，全国共有592个重点县作为扶贫开发重点区域。2011年，《中国农村扶贫开发纲要（2011—2020年）》颁布，对国家重点扶持的县进行第三次调整，与以往调整方法不同，本次调整将权力下放到省。这次调整按"高出低进，出一进一，严格程序，总量不变"的原则，原重点县共调出38个，原非重点县调进38个，全国重点县数量仍为592个，持续至今。

除了592个国家扶贫开发重点县外，2011年按照集中连片、突出重点、全国统筹、区划完整的原则，划分了集中连片特困地区以2007—2009年3年的人均县域国内生产总值、人均财政一般预算性收入、县域农民人均纯收入等与贫困程度高度相关的指标为标准，将这3项指标均低于同期西部平均水平的县（区、市），以及自然地理位置相连、气候环境相似、传统产业相同、文化习俗相通、致贫因素相近的县划分为集中连片特困地区县。在划分过程中，对少数民族县、革命老区县和边境县采用了增加权重的办法予以倾斜照顾。最终在全国划分出11个集中连片特困地区，加上已经实施特殊扶持政策的西藏、四省藏区、新疆南疆四地州，是扶贫攻坚主战场。2017年，将享受片区政策的新疆阿克苏地区纳入贫困监测范围，南疆三地州变为南疆四地州。至此，全国扶贫开发重点县592个，14个集中连片特困区县有680个，其中两者重合440个县，832个贫困县由此而来。

这832个贫困县要摘帽，全部要经过贫困县退出专项评估检查，采用第三方评估的方式进行。评估单位选取的往往是高校和科研院所，具有专业性和客观性。通过第三方评估的方式可以增强贫困县退出的公信力，让社会大众信服。贫困县退出的主要指标是综合贫困发生率，西部地区综合贫困发生率原则上不得高于3%，中部地区不得高于2%，脱贫人口错退率和贫困人口漏评率原则上不低于2%，群众认可度原则上不低于90%。如此高的评估标准推动县级政府压实责任，很多县级政府脱贫攻坚过程中都对自身严格要求，尽量做到不出现错退和漏评，提高了扶贫效果的真实性。大部分中西部省（区、市）在2020年上半年已完成摘帽，广西、四川、贵州、云南、甘肃、宁夏和新疆7个省、区剩余52个贫困县也在2020年底前完成考核评估程序并宣布退出。

三、中国的脱贫标准与世界贫困标准的比较

改革开放以来，中国共采用过三个不同的贫困线标准，分别是"1978年标准"、"2008年标准"和"2010年标准"。其中"1978年标准"是指按1978年价格每人每年100元，是保证每人每天2 100卡路里热量的食物支出，食物支出比重约为85%。基于当时的农村实际情况，在这个标准下，农村居民只能勉强果腹。"2008年标准"是指按2000年价格每人每年865元，这是基本温饱标准，这个标准是在"1978年标

准"基础上扩展非食物部分,将食物支出比重降到60%,可基本保证实现"有吃、有穿",即基本满足温饱。"2010年标准"是现行农村贫困标准。按2011年价格每人每年2 300元,按2014年和2015年价格分别为每人每年2 800元和2 855元,2019年为每人每年3 128元。这是结合"两不愁三保障"测定的基本稳定温饱标准。根据对全国居民家庭的直接调查结果测算,在满足"三保障"的前提下,现行贫困标准中既包括每天2 100卡路里热量和60克主要蛋白质,还包括非食物支出,2014年实际食物支出为53.5%。此外,在实际测算过程中,对高寒地区采用1.1倍贫困线。值得注意的是,在确定好贫困线后,每年会根据"农村贫困人口生活消费价格指数"对农村贫困标准进行年度调整,保证可比性。由于农村贫困人口生活消费中食物支出占比较高,因此在调整的时候根据实际情况提高了食物支出权重。经过调整后,2019年为每人每年3 128元。虽然同一标准在不同年份数值不同,但都代表了同一种生活水平,年度间是可比的。

国际贫困线标准一般由世界银行发布。目前,世界银行根据国家种类的不同,将各国货币转换成PPP后,算出三条国际贫困线标准。极端贫困线是每人每天1.9美元,是将非洲和亚洲15个国家的固定贫困线转换为2011年的可比美元后计算而来的。中度贫困线和一般贫困线也是由此得来,分别为每人每天3.2美元和每人每天5.5美元。与每人每天1.9美元相比,按照2015年1美元等于3.696元人民币的PPP换算,世界贫困线标准为每人每年2 563元,我国当年的现行贫困线标准为2 855元,从收入上来看,已经超过世界贫困线标准,若将

"三保障"的内容折算成收入，中国的贫困线标准明显超出世界贫困线标准。

根据国内学者的建议，在将国内贫困线标准与世界贫困线标准相比较的时候，必须注意几个问题：一是与哪一条贫困线标准相比。世界贫困线标准有3条，每人每天1.9美元是赤贫线，而我国在这个阶段的目标是实现全面小康，要解决的是绝对贫困问题，因此将我国的贫困线标准与1.9美元对比是比较符合实际情况的。二是对比的年份是否一样。目前我国的贫困线标准和世界贫困线标准都是以2011年基期计算的，对比基期属于同一时间点。三是在进行贫困线标准的比较时，汇率和PPP都有缺陷，市场汇率受多种因素影响，变化较快，不能很好反映各国之间生活消费水平的差异。而PPP会定期更新，而且基础数据来源不一致，准确性常受到质疑。因此在将中国贫困线标准和世界贫困线标准比较时，除了在数值上进行比较外，更要正面解读标准所代表的实际生活水平，以期全面反映贫困人口的脱贫真实性。在中国的现行农村贫困线标准中，贫困人口脱贫除了要求收入达标外，还要求"两不愁三保障"，按2011年不变价2 300元制定的贫困线标准可以很好地反映吃穿不愁的情况，即有充足的主食、足够的蛋白质和必要的保暖衣物，但是"三保障"的内容是体现在收入之外的，而且"三保障"也是中国脱贫攻坚战中的重点和难点。客观来说，中国的农村脱贫标准是从多维贫困角度出发制定的，不仅关注贫困人口是否能生存下来，而且关注贫困人口生产生活的基本条件和权利，义务教育、基本医疗、住房安全得到保障后，贫困人口的实际生活水平往往比世界贫困线标准所要求的更高。笔者在实际调研中发现，与脱贫攻坚之前相比，贫困人口福利水平有了明显的改善：部分贫困人口住院医药费用自付比例不超过10%，乡镇卫生院、村卫生室医疗设施和药品配备齐全，慢性病健康管理服务精准，以前贫困人口"看病难""看病贵"的问题得到有效解决；贫困人口在危房改造后住进了洁净宽敞的房子，易地扶贫搬迁后到了安全、宽敞的安置区，地质灾害隐患消除，配套设施齐全，生产生活之余休息娱乐方式得到很大改善；义务教育阶段适龄儿童教育得到普及，硬件设施配备齐全，教育不均等的现象得到改善，之前农村儿童上不起学、没地方上学的情况不复存在；产业就业帮扶基本接近全覆盖，收入增长的可持续性得到加强。因此，从真实生活情况来看，在中国农村贫困线标准下贫困人口的脱贫成果是更加真实可靠的。

参考文献

［1］扶贫办发布重点扶贫县和连片特困地区县认定历史.（2013-03-04）.http：//www.gov.cn/gzdt/2013-03/04/content_2344631.htm.

［2］王萍萍，等.中国农村贫困标准问题研究，调研世界，2015（8）.

［3］国家统计局住户调查办公室.2001/2006/2009/2015年中国农村贫困监测报告.北京：中国统计出版社，2001/2006/2009/2015.

［4］鲜祖德，等.中国农村贫困标准与贫困监测.统计研究，2016，9（33）.

［5］李小云.构建实现"两不愁三保障"目标长效机制.（2019-08-15）.http：//www.qstheory.cn/2019-08/15/

c_1124879608.htm.

［6］重庆市中国特色社会主义理论体系研究中心.深刻认识习近平总书记关于扶贫工作重要论述的重大意义.（2019-05-14）.https：//epaper.cqrb.cn/html/cqrb/2019-05/14/007/content_231810.htm.

［7］国务院扶贫办.我国现行贫困标准已高于世行标准.（2015-12-15）.http：//www.xinhuanet.com/politics/2015-12/15/c_1117470269.htm.

［8］李小云，徐进，等.中国减贫四十年：基于历史与社会学的尝试性解释.社会学研究，2018（6）.

［9］黄承伟.中国减贫理论新发展对马克思主义反贫困理论的原创性贡献及其历史世界意义.西安交通大学学报（社会科学版），2020，1（40）.

第四章

全面小康与脱贫攻坚

一、中国为什么还要脱贫攻坚

消除贫困、改善民生、逐步实现共同富裕，是社会主义的本质要求，是中国共产党的重要使命。到2020年，全面建成小康社会，实现第一个百年奋斗目标，是中国共产党对全国人民的庄严承诺。习近平总书记指出："全面建成小康社会，最艰巨最繁重的任务在农村、特别是在贫困地区。没有农村的小康，特别是没有贫困地区的小康，就没有全面建成小康社会。"[①]

新中国成立以来，中国共产党带领人民不断改善生活状况，持续向贫困宣战。改革开放以来，中国成功走出了一条中国特色扶贫开发道路，经济高质量飞速发展，农业农村改革纵深推进，党和政府不断实施大规模扶贫开发，农民可支配收入不断提高，生产生活逐步由低水平、不全面发展向高水平、均衡的小康发展。在全党全社会的共同努力下，农村贫困人口大幅减少，7.7亿多农村贫困人口成功脱贫，中国成为世界上减贫人口最多的国家，也是世界上率先完成联合国千年发展目标

[①] 习近平.习近平谈治国理政.北京：外文出版社，2014：189.

的国家。随着整个宏观经济环境的变化，特别是经济发展进入新常态，以区域开发为重点的农村扶贫已经出现了偏离目标和扶贫效果下降的问题。

党的十八大以来，以习近平同志为核心的党中央担当起全面建成小康社会的重任，把脱贫攻坚摆到治国理政的突出位置，提升到事关建成全面小康社会、实现第一个百年奋斗目标的新高度，作为第一民生工程，纳入"五位一体"总体布局和"四个全面"战略布局进行决策部署，审时度势地提出了精准扶贫、精准脱贫的基本方略，加大扶贫投入，创新扶贫方式，出台系列重大政策措施，不断丰富和拓展中国特色扶贫开发道路。2013年11月3日，习近平总书记在湖南省湘西州花垣县十八洞村调研时首次提出了精准扶贫思想，强调"扶贫要实事求是，因地制宜。要精准扶贫，切忌喊口号，也不要定好高骛远的目标"。在此之后，习近平总书记就精准扶贫工作提出了一系列新思想、新论断、新观点，做出一系列新部署、新要求，形成习近平总书记关于扶贫工作重要论述。在此重要论述指导下，2015年，中共中央、国务院颁布《关于打赢脱贫攻坚战的决定》，明确"到2020年我国现行标准下农村贫困人口实现脱贫，贫困县全部摘帽，解决区域性整体贫困"的目标任务，全面实施精准扶贫、精准脱贫方略，开创了扶贫开发事业的新局面。坚持中国特色的政治优势，建立起了中央统筹、省负总责、市县抓落实的扶贫开发工作机制，构建五级书记抓扶贫，层层压紧压实主体责任，做到一级抓一级、层层抓落实，扶贫工作取得决定性进展。

行百里者半九十。我们必须清醒认识到，贫困问题是中国经济社会发展中最突出的"短板"，形势依然严峻，是全面建成小康社会的关键所在。2019年,全国有551万农村贫困人口,52个贫困县没有摘帽,而新冠肺炎疫情的发生在增加剩余贫困人口脱贫难度外,也加大了200万已脱贫人口的返贫风险和300万边缘人口的致贫风险。2020年是收官之年,时间紧、任务重,这些贫困人口贫困程度更深,减贫成本更高,脱贫难度更大,依靠常规举措难以摆脱贫困状况。从群体分布看,剩余贫困人口主要是残疾人、孤寡老人、长期患病者等"无业可扶、无力脱贫"的贫困人口,以及部分教育文化水平低、缺乏技能的贫困群众。从发展环境看,经济形势更加错综复杂,经济下行压力大。2020年初新冠肺炎疫情暴发,对农村贫困户外出务工增收产生影响,一些农户生产经营遇到困难,也致使很多贫困地区的扶贫项目延迟开工。县级贫困地区财力薄弱,基础设施建设瓶颈制约依然明显,基本公共服务供给能力不足;产业发展活力不强,结构单一,环境约束趋紧,粗放式资源开发模式难以为继;贫困人口就业渠道狭窄,转移就业和增收难度大。要如期实现贫困人口全部脱贫,必须以更大的决心、更明确的思路、更精准的举措、超常规的力度扶贫。

2015年10月,党的十八届五中全会从实现第一个百年奋斗目标——全面建成小康社会出发,把"扶贫攻坚"改成"脱贫攻坚",明确到2020年确保现行标准下农村贫困人口实现脱贫,贫困县全部摘帽,解决区域性整体贫困。2015年11月,中共中央、国务院颁布的《关于打赢脱贫攻坚战的决定》指出,"扶贫开发事关全面建成小康社会,事关人民福祉,事关巩固党的执政基础,事关国家长治久安,事关我国国际形象。打赢脱贫攻坚战,是促进全体人民共享改革发展成果、实现共同富裕的重大举措,是体现中国特色社会主义制度优越性的重要标志，也是经济发展新常态下扩大国内需求、促进经济增长的重要途径。各级党委和政府必须把扶贫开发工作作为重大政治任务来抓，切实增强责任感、使命感和紧迫感，切实解决好思想认识不到位、体制机制不健全、工作措施不落实等突出问题，不辱使命、勇于担当，只争朝夕、真抓实干，加快补齐全面建成小康社会中的这块突出短板，决不让一个地区、一个民族掉队"。脱贫攻坚战全面打响。

脱贫攻坚是全面建成小康社会的标志性指标和底线任务。习近平总书记指出："全面建成小康社会、实现第一个百年奋斗目标，农村贫困人口全部脱贫是一个标志性指标。对这个问题，我一直在思考，也一直在强调，就是因为心里还有些不托底。所以，我说小康不小康，关键看老乡，关键看贫困老乡能不能脱贫。全面建成小康社会，是我们对全国人民的庄严承诺，必须实现，而且必须全面实现，没有任何讨价还价的余地。不能到了时候我们说还实现不了，再干几年。也不能到了时候我们一边宣布全面建成了小康社会，另一边还有几千万人生活在扶贫标准线以下。如果是那样，必然会影响人民群众对全面小康社会的满意度和国际社会对全面小康社会的认可度，也必然会影响我们党在人民群众中的威望和我们国家在国际上的形象。我们必须动员全党全国全社会力量，向贫困发起总攻，确保到二〇二〇年所有贫困地区和贫困人口一道迈入全面小康社会。"[①]

为什么要脱贫攻坚？简单来讲，因为要全面建成小康社会。全面小康不是一部分人的小康，而是所有人的小康，要考

---

① 习近平. 习近平关于社会主义社会建设论述摘编. 北京：中央文献出版社，2017：86.

虑所有人；全面小康提出的目标要求是对全国的要求，各地不可能整齐划一。全面建成小康社会补短板，着力解决好发展不平衡问题，最主要的是贫困地区和贫困人口问题。全面建成小康社会，强调的不仅是"小康"，更重要的也更难做到的是"全面"。"小康"讲的是发展水平，"全面"讲的是发展的平衡性、协调性、可持续性。如果到2020年我们在总量和速度上完成了目标，但发展不平衡、不协调、不可持续问题更加严重，短板更加突出，就算不上真正实现了目标，即使最后宣布实现了，也无法得到人民群众和国际社会的认可。全面小康，覆盖的人口要全面，是惠及全体人民的小康。全面建成小康社会突出的短板主要在民生领域，发展不全面的问题很大程度上也表现在不同社会群体民生保障方面。"天地之大，黎元为本。"全面小康最低的要求是，不能有人还生活在绝对贫困状态中，于贫困人口而言，要实现"两不愁三保障"，收入达到脱贫标准。农村贫困人口是全面建成小康社会最突出的短板。如果农村贫困人口生活水平没有明显提高，全面小康也不能让人信服。所以，我们党把农村贫困人口脱贫作为全面建成小康社会的基本标志，强调实施精准扶贫、精准脱贫，以更大的决心、更精准的思路、更有力的措施，采取超常举措，实施脱贫攻坚工程，确保我国现行标准下农村贫困人口实现脱贫，贫困县全部摘帽，解决区域性整体贫困。全面建成小康社会、实现第一个百年奋斗目标的决胜阶段，也是打赢脱贫攻坚战的决胜阶段。脱贫攻坚经历了啃"硬骨头""攻坚拔寨"的冲刺阶段，新型工业化、信息化、城镇化、农业现代化同步推进和国家重大区域发展战略加快实施，为贫困地区发展提供了重大机遇和良好环境，特别是国家综合实力不断增强，为打赢脱贫攻坚战奠定了坚实的物质基础。全面建成小康社会，14亿多中国人，一个都不能少！

脱贫攻坚的目标就是要解决绝对贫困问题，要补齐全面小康社会建设的短板。全面小康是有差异的小康，全面小康社会是针对整体而言的，但底线是没有人生活在绝对贫困状态中，贫困人口摆脱绝对贫困只意味着基本需求得到了满足，迈入了小康的门槛，贫困人口要过上真正的小康生活还需要继续努力。

二、小康社会建设目标

"民亦劳止，汔可小康。"小康社会寄寓着中华民族自古以来追求的社会理想。使用"小康"这个概念来确立中国的发展目标，既符合中国发展实际，也深得人民群众的认同和支持。

全面建成小康社会是实现中华民族伟大复兴中国梦的关键一步，到2020年全面建成小康社会，是我们党向人民、向历史做出的庄严承诺。改革开放之初，邓小平首先用"小康"来诠释中国式现代化，明确提出到20世纪末在中国建立一个小康社会的奋斗目标。1979年12月6日，邓小平在会见日本首相大平正芳时使用"小康"来描述中国式现代化。他说："我们要实现的四个现代化，是中国式的四个现代化。我们的四个现代化的概念，不是像你们那样的现代化的概念，而是'小康之家'。到本世纪末，中国的四个现代化即使达到了某种目标，我们的国民生产总值人均水平也还是很低的。要达到第三世界中比较富裕一点的国家的水平，比如国民生产总值人均一千美元，也还得付出很大的努力。中国到那时也还是一个小康的状态。"① 1984 年，他又进一步补充说："所谓小康，就是到本世纪末，国民生产总值人均达到几百美元。"② 2000 年 10 月，党的十五届五中全会提出，从新世纪开始，我国进入了全面建设小康社会，加快推进社会主义现代化的新的发展阶段。党的十六大提出了全面建设小康社会的目标主要包含以下几个方面：

一是在优化结构和提高效益的基础上，国内生产总值到 2020 年力争比 2000 年翻两番，综合国力和国际竞争力明显增强。基本实现工业化，建成完善的社会主义市场经济体制和更具活力、更加开放的经济体系。城镇人口的比重较大幅度提高，工农差别、城乡差别和地区差别扩大的趋势逐步扭转。社会保障体系比较健全，社会就业比较充分，家庭财产普遍增加，人民过上更加富足的生活。

二是社会主义民主更加完善，社会主义法制更加完备，依法治国基本方略得到全面落实，人民的政治、经济和文化权益得到切实尊重和保障。基层民主更加健全，社会秩序良好，人民安居乐业。

三是全民族的思想道德素质、科学文化素质和健康素质明显提高，形成比较完善的现代国民教育体系、科技和文化创新体系、全民健身和医疗卫生体系。人民享有接受良好教育的机会，基本普及高中阶段教育，消除文盲。形成全民学习、终身学习的学习型社会，促进人的全面发展。

四是可持续发展能力不断增强，生态环境得到改善，资源利用率显著提高，促进人与自然的和谐，推动整个社会走上生

---

① 邓小平.邓小平文选：第 2 卷.2 版.北京：人民出版社，1994：237.
② 中共中央文献研究室.十二大以来重要文献选编：中.北京：人民出版社，1986：513.

产发展、生活富裕、生态良好的文明发展道路。

党的十六大后相关部门提出的全面建设小康社会的基本标准，主要包括人均国内生产总值超过 3 000 美元、城镇居民人均可支配收入 1.8 万元（2000 年不变价）、农村居民家庭人均可支配收入 8 000 元（2000 年不变价）、恩格尔系数低于 40%、城镇人均住房建筑面积 30 平方米、城镇化率达到 50%、居民家庭计算机普及率 20%、大学入学率 20%、每千人医生数 2.8 人、城镇居民最低生活保障率 95% 以上等 10 个目标。在全党全国各族人民共同努力下，这个目标在 20 世纪末如期实现，人民生活总体上达到小康水平，具体目标完成情况如表 4-1 所示。

表 4-1 全面建设小康社会目标与完成情况

全面建设小康社会目标	2018 年以来完成情况
人均国内生产总值超过 3 000 美元	2019 年人均 GDP 达到 1.03 万美元（现价）
城镇居民人均可支配收入 1.8 万元（2000 年不变价）	2019 年城镇居民人均可支配收入 42 359 元，2000 年不变价 28 036 元
农村居民家庭人均可支配收入 8 000 元（2000 年不变价）	2019 年农村居民人均可支配收入 16 021 元，2000 年不变价 9 968 元
恩格尔系数低于 40%	2019 年全国居民恩格尔系数为 28.2%，其中城镇为 27.6%，农村为 30.0%
城镇人均住房建筑面积 30 平方米	2018 年城镇人均住房面积 39 平方米
城镇化率达到 50%	2019 年常住人口城镇化率为 60.60%
居民家庭计算机普及率 20%	居民家庭计算机普及率 26.9%
大学入学率 20%	2018 年大学毛入学率 48.1%
每千人医生数 2.8 人	2018 年每千人执业医师数 2.59 人，卫生技术人员 6.83 人
城镇居民最低生活保障率 95% 以上	100%

"十三五"时期，国家提出了全面建成小康社会新的目标要求，规划和设计了未来美好生活的宏伟蓝图。

经济保持中高速增长。在提高发展平衡性、包容性、可持续性基础上，到2020年国内生产总值和城乡居民人均收入比2010年翻一番，主要经济指标平衡协调，发展质量和效益明显提高。产业迈向中高端水平，农业现代化进展明显，工业化和信息化融合发展水平进一步提高，先进制造业和战略性新兴产业加快发展，新产业新业态不断成长，服务业比重进一步提高。

创新驱动成效显著。创新驱动发展战略深入实施，创业创新蓬勃发展，全要素生产率明显提高。科技与经济深度融合，创新要素配置更加高效，重点领域和关键环节核心技术取得重大突破，自主创新能力全面增强，迈进创新型国家和人才强国行列。

发展协调性明显增强。消费对经济增长贡献率继续提高，投资效率和企业效率明显上升。城镇化质量明显改善，户籍人口城镇化率加快。区域协调发展新格局基本形成，发展空间布局得到优化。对外开放深度广度不断提高，全球配置资源能力进一步增强，进出口结构不断优化，国际收支基本平衡。

人民生活水平和质量普遍提高。就业、教育、文化体育、社保、医疗、住房等公共服务体系更加健全，基本公共服务均等化水平稳步提高。教育现代化取得重要进展，劳动年龄人口受教育年限明显增加。就业比较充分，收入差距缩小，中等收入人口比重上升。我国现行标准下农村贫困人口实现脱贫，贫困县全部摘帽，解决区域性整体贫困。

国民素质和社会文明程度显著提高。中国梦和社会主义核心价值观更加深入人心，爱国主义、集体主义、社会主义思想广泛弘扬,向上向善、诚信互助的社会风尚更加浓厚,国民思想道德素质、科学文化素质、健康素质明显提高,全社会法治意识不断增强。公共文化服务体系基本建成,文化产业成为国民经济支柱性产业。中华文化影响持续扩大。

生态环境质量总体改善。生产方式和生活方式绿色、低碳水平上升。能源资源开发利用效率大幅提高,能源和水资源消耗、建设用地、碳排放总量得到有效控制,主要污染物排放总量大幅减少。主体功能区布局和生态安全屏障基本形成。

各方面制度更加成熟更加定型。国家治理体系和治理能力现代化取得重大进展,各领域基础性制度体系基本形成。人民民主更加健全,法治政府基本建成,司法公信力明显提高。人权得到切实保障,产权得到有效保护。开放型经济新体制基本形成。中国特色现代军事体系更加完善。党的建设制度化水平显著提高。

这些新的目标要求,与党的十六大以来提出的全面建设小康社会的奋斗目标要求相衔接,与中国特色社会主义事业总体布局相一致,进一步明确了全面建成小康社会的基本内涵,体现了目标导向与问题导向相统一,体现了坚持战略性和操作性相结合。实现到2020年国内生产总值和城乡居民人均收入比2010年翻一番,经济必须保持一定的增长速度。

决胜全面建成小康社会,不是新一轮"大干快上",不能靠粗放型发展方式、靠强力刺激抬高速度实现"两个翻番",否则势必走到老路上去,带来新的矛盾和问题。全面建成小康社会必须考虑更长远时期的发展要求,加快形成适应经济发展新常态的经济发展方式,这样才能建成高质量的小康社会,才能为实现第二个百年奋斗目标奠定更为牢靠的基础。

党的十八大以来，以习近平同志为核心的党中央科学把握当今世界和当代中国的发展大势，顺应人民愿望和实践要求，统筹推进"五位一体"总体布局和协调推进"四个全面"战略布局，坚定不移贯彻新发展理念，有力推动我国发展不断朝着更高质量、更有效率、更加公平、更可持续的方向前进，全力推进脱贫攻坚，持续改善民生，各项事业取得历史性成就，极大增强了全党全国各族人民全面建成小康社会的信心与底气。到 2020 年全面建成小康社会，实现第一个百年奋斗目标，是我们党向人民、向历史做出的庄严承诺，是全国人民的共同期盼。如期实现全面建成小康社会，前进道路并不平坦，诸多矛盾叠加，风险隐患增多，挑战依然严峻。只有持续奋斗、迎难而上，按照党的十六大、十七大、十八大、十九大提出的全面建成小康社会各项要求，突出抓重点、补短板、强弱项，特别是坚决打好防范化解重大风险、污染防治的攻坚战，巩固好脱贫攻坚战成果，全面推进乡村振兴，坚定不移深化供给侧结构性改革，才能推动经济社会持续健康发展，如期建成和巩固好人民认可、经得起历史检验的全面小康社会。

三、脱贫攻坚为什么没有包括城镇人口

党的十九大指出我国经济社会发展进入了新时代，中国社会的主要矛盾也转变为人民日益增长的美好生活需要和不平衡不充分的发展之间的矛盾。我国社会最大的发展不平衡是城乡发展不平衡，我国社会最大的发展不充分是农村发展不充分。在我国过去的发展中，经济社会发展的重点区域是城镇，农业常常是产业发展中的弱势产业。这导致资金、技术、人才等资

源主要流转和投入城镇和非农产业，农村社会经济发展陷入贫瘠、荒芜、失序和落后，导致城镇基础设施和公共事业超速发展而农村则发展滞后，乡村基础设施和公共产品供给严重不足，城乡之间的差距不断扩大。因此农民人均享受的公共服务水平远低于城镇居民，结果形成了"公共服务供给薄弱—高素质农业人口大量转移—投资规模效应进一步减少—公共服务持续薄弱和恶化"的恶性循环。单从收入维度来观察，中国城乡居民人均可支配收入比在持续下降，从 2004 年的峰值 3.45 下降到 2019 年的 2.64，但收入差距绝对值仍在继续拉大。比如，国家统计局资料显示，2009 年农村居民人均纯收入为 5 153 元，城镇居民人均可支配收入为 17 175 元，两者相差 14 965 元；2019 年农村居民人均可支配收入为 16 021 元、城镇居民人均可支配收入为 42 359 元，差距绝对值扩大到 26 338 元。这只是单单从中国城乡居民人均可支配收入的角度考察，如果加上社会福利等方面的不同，中国城乡间的差距更大。

  从贫困地区的状况看，2012 年贫困地区农民人均可支配收入为 5 212 元，只有全国农村平均水平的 62%；2012 年末，全国农村贫困人口有 9 899 万，人均可支配收入低于 2 500 元，不到贫困地区农民平均收入的 50%，不到全国农民平均水平的 30%。基本生活存在问题，吃、穿、住、基本教育和基本医疗没有得到解决，22.3% 的农户饮水困难，19.8% 的农户无安全饮水，1.4% 的农户未通生活用电，13.6% 的农户未通广播电视，20.4% 的农户住房是危房。2012 年居住在竹草土坯房的农户比重为 7.8%，居住在钢筋混凝土房或砖混材料房的农户比重为 39.2%；2012 年使用卫生厕所的农户比重为 25.7%；2013 年饮水困难的农户比重为 19%；2013 年贫困地区村内主干道路面经过硬化处理的自然村比重为60%；2013年农户所在自然村垃圾能集中处理的比重为30%。要实现党的第一个百年奋斗目标，全面建成小康社会，就必须解决绝对贫困问题。到2020年，必须实现没有人生活在绝对贫困线4 000元（2010年不变价2 300元）以下，吃、穿、住、安全饮水、基本教育、基本医疗等基本需求得到满足，也就是常说的满足"一达标"，满足"两不愁三保障"。

我国脱贫攻坚时期的总体目标是到2020年，稳定实现农村贫困人口不愁吃、不愁穿，义务教育、基本医疗和住房安全有保障。实现贫困地区农民人均可支配收入增长幅度高于全国平均水平，基本公共服务主要领域指标接近全国平均水平。确保我国现行标准下农村贫困人口实现脱贫，贫困县全部摘帽，解决区域性整体贫困。从脱贫攻坚的总体目标看，解决的是绝对贫困人口的基本需求问题。城市有相对贫困问题，按照农村现行标准，基本生存需求存在问题的情况较少。以下从城镇和农村最低生活保障标准、收入情况、消费情况、居住情况、家庭耐用消费品情况等进行对比，说明脱贫攻坚为什么不包括城镇人口。

从最低生活保障标准来看，最低生活保障是指国家对家庭人均收入低于当地政府公告的最低生活标准的人口给予一定现金资助，以保证该家庭成员基本生活所需的社会保障制度。从城乡低保来看，截至2019年11月底，全国城市低保月人均标准为617元，年人均7 400多元，农村低保年人均标准为5 247元，2019年我国贫困线标准为3 128元/年/人；从城镇最低生活保障标准来看，也是远远高于我国现行的脱贫标准（2020年为4 000元/年/人）。从最低生活保障标准分地区来看，各地区城市低保标准远高于农村低保标准，远高于我国现行的贫困线标准（见表4-2）。

表4-2 各地区城市与农村最低生活保障标准情况　　（单位：元）

地区	城市低保标准	农村低保标准	备注
北京	1 100	1 100	2019年1月调整
上海	1 160	1 160	2019年3月调整
广东	702～980	484～980	2019年4月调整
天津	1 010	1 010	2020年9月调整
石家庄	766	5 760/年	2020年3月调整
太原	700	580～700	2020年调整
南京	900	900	2019年7月调整
重庆	546	410	2018年9月调整
杭州	734～917	734～917	2017年12月调整
呼和浩特	670	5 616/年	2018年9月调整
武汉	780	635	2019年5月调整
长沙	650	650	2019年9月调整
南宁	790	5 500/年	2020年4月调整
海口	610	540	2019年6月调整
成都	800～850	800～850	2020年7月调整
贵阳	598	3 908/年	2018年1月调整
昆明	640	5 400/年	2020年5月调整
拉萨	847	4 713/年	2020年1月调整
西安	700	500	2019年12月调整
兰州	535～712	4 020/年	2019年1月调整
西宁	640	4 800/年	2020年1月调整

续表

地区	城市低保标准	农村低保标准	备注
银川	600	4 560/年	2020年1月调整
乌鲁木齐	380	195	2015年调整
沈阳	715	510	2020年7月调整
长春	385～620	3 710～4 920/年	2017年7月调整
哈尔滨	556	3 900/年	2019年1月调整
合肥	602～639	602～639	2019年6月调整
福州	700	700	2019年8月调整
南昌	480～510	310	2016年5月调整
济南	740	494	2020年4月调整
郑州	730	730	2020年6月调整

资料来源：根据各地区出台的最低生活保障标准文件整理所得。除标准"年"的外，其余标准均以"月"计算。

从收入情况来看，2018年，全国居民人均可支配收入为28 228元，其中，城镇居民人均可支配收入为39 251元，农村居民人均可支配收入为14 617元。全年全国居民人均可支配收入中位数为24 336元，其中，城镇居民人均可支配收入中位数为36 413元，农村居民人均可支配收入中位数为13 066元。2018年，贫困地区农村居民人均可支配收入为10 371元，其中，集中连片特困地区2018年农村居民人均可支配收入为10 260元，扶贫开发工作重点县2018年农村居民人均可支配收入为10 284元，2018年贫困地区农村居民人均可支配收入是全国农村平均水平的71.0%，是全国城镇平均水平的26.4%，不足30%。

从消费情况来看，2018年，全国居民人均消费支出为19 853元，其中，城镇居民人均消费支出为26 112元，农村居民人均消费支出为12 124元。2018年贫困地区农村居民人均消费支出为8 956元，其中，集中连片特困地区农村居民人均消费支出为8 854元；扶贫开发工作重点县农村居民人均消费支出为8 935元。2018年贫困地区农村居民人均消费支出是全国农村平均水平的73.9%，是全国城镇平均水平的34.3%，不足40%。

从居住情况来看，城镇居民人均住房建筑面积2012年为32.9平方米，2016年为36.6平方米。2018年，我国城镇居民人均住房面积已达到39平方米。2018年城镇居民居住钢筋混凝土和砖混材料建设的住宅占95.8%，竹草土坯房仅占0.2%；两居室以上和单栋楼房、平房占所有居住样式的91.2%，一居室和筒子楼或连片平房占8.8%，城镇家庭住房结构不断改善。居民住房已经转变为现代化的具有独立卫生间、厨房、淋浴、供暖、供气、供水设备等的成套住宅，无数家庭"住有所居，安居宜居"的梦想正在实现。但从贫困地区农村居民居住条件看，2018年贫困地区居住在钢筋混凝土房或砖混材料房的农户比重为67.4%，远低于城镇居民居住钢筋混凝土和砖混材料建设的住宅占比，居住在竹草土坯房的农户比重为1.9%，高于城镇居民的0.2%，与城镇居民居住条件相比，相对较差。2018年，贫困地区使用卫生厕所的农户比重为46.1%，使用柴草作为炊用能源的农户比重高达39.2%，使用清洁能源的农户比重仅为48.0%，生活居住设施和城镇相比，相对较差。

从家庭耐用消费品情况看，2018年城镇居民每百户拥有的电冰箱、洗衣机、彩色电视机等传统耐用消费品分别为100.9台、97.7台和121.3台，每百户拥有汽车、计算机等现代耐用消费品分别为41.0辆、73.1台。2018年农村居民每百户拥有的电冰箱、洗衣机、彩色电视机等传统耐用消费品分别为95.9台、88.5台和116.6台,每百户拥有的汽车、计算机等现代耐用消费品分别为22.3辆、26.9台。2018年贫困地区每百户拥有的电冰箱、洗衣机、彩色电视机等传统耐用消费品分别为87.1台、86.9台和106.6台,是农村平均拥有量的90.8%、98.2%、91.4%,是全国城镇平均拥有量的86.3%、88.9%、87.9%。2018年贫困地区每百户拥有的汽车、计算机等现代耐用消费品分别为19.9辆、17.1台,是农村平均拥有量的89.2%、63.6%,是全国城镇平均拥有量的48.5%、23.4%。贫困地区农村居民家庭耐用消费品虽然经历了从无到有、产品升级换代,但是与城镇居民相比,拥有量还是很低。

综上所述,无论是从最低生活保障标准、收入情况、消费情况,还是从居住情况、家庭耐用消费品情况等来看,城镇状况远好于农村,而农村状况又好于贫困地区,全面小康社会建设的瓶颈和突出短板在于农村贫困人口,所以我国的脱贫攻坚不包括城镇人口。

参考文献

[1] 中共中央党史和文献研究院. 习近平扶贫论述摘编. 北京:中央文献出版社,2018.

[2] 白增博. 新中国70年扶贫开发基本历程、经验启示与取向选择. 改革,2019(12).

[3] 中共中央文献研究室. 十八大以来重要文献选编:下. 北京:中央文献出版社,2018.

[4] 邓小平. 邓小平文选:第2卷. 2版. 北京:人民出版

社，1994.

［5］中共中央文献研究室.邓小平年谱（1975—1997）：下.北京：中央文献出版社，2004.

［6］刘合光.乡村振兴战略的关键点、发展路径与风险规避.新疆师范大学学报（哲学社会科学版），2018，39（3）.

［7］国家统计局.2018年居民收入和消费支出情况.（2019-01-21）.http：//www.stats.gov.cn/tjsj/zxfb/201901/t20190121_1645791.html.

［8］国家统计局住户调查办公室.中国农村贫困监测报告（2019）.北京：中国统计出版社，2019.

［9］国家统计局.建筑业持续快速发展城乡面貌显著改善：新中国成立70周年经济社会发展成就系列报告之十.（2019-07-31）.http：//www.stats.gov.cn/tjsj/zxfb/201907/t20190731_1683002.html.

［10］70年住房变迁：从"蜗居"到"宜居".（2019-09-24）.https：//www.sohu.com/a/342947523_114731.

第五章

精准扶贫：脱贫攻坚的基本方略

一、为什么要采取精准扶贫方略

既然以区域为对象的扶贫开发成效显著，扶贫投资和政策有效地促进了贫困地区的发展，贫困人口也在不断减少，为什么不继续区域扶贫开发策略而要转向精准扶贫呢？精准扶贫比区域开发难度要大很多，需要很多细致复杂的工作，这么难的事情为什么要去做？主要原因是，如果不改变扶贫策略，继续区域扶贫开发是达不到 2020 年使所有贫困人口脱贫的目标的。因为以同一条贫困线标准衡量，越到后面剩余的贫困人口贫困程度越深，能力越差。能力强的人在经济发展的带动下和区域扶贫开发过程中早就脱贫了，而发展能力弱的这一群人靠一般的经济增长和区域扶贫开发是带不动的。往往表现为越到后期，贫困人口减少得越慢。以《国家八七扶贫攻坚计划》为例，目标是 7 年时间内使 8 000 多万贫困人口解决温饱问题，也就是解决吃穿的问题。当时以贫困县为对象进行扶持，结果怎么样呢？到 2000 年的时候还剩下 3 200 万没有解决温饱问题，整个计划实现了一半多一点，所以当时宣布基本实现八七扶贫攻坚目标。可见，如果只以区域为对象进行扶持，总有一部分在"锅底"的贫困人口脱不了贫，因为剩下的这些人主要是老弱病残和内生动力不足的人，开发难度大或完全没有开发能力。

21世纪初贫困村是主要的扶贫开发对象，我国对贫困村专门实施了整村推进项目。利用国家统计局大规模农户抽样调查数据和世界银行的村级补充调查数据，我们对整村推进的效果进行了实证研究，以判断整村推进项目实施后贫困村的贫困户是否受益。由于有住户调查数据，我们能够将贫困村的农户分为贫困户和非贫困户，以判断整村推进到底使贫困户受益还是使非贫困户受益。由于整村推进是分批实施的，就为我们的研究提供了一个非常有效的准自然实验样本，从而使我们能够利用配对法比较实施整村推进的贫困村和没有实施整村推进的贫困村之间的贫困户和非贫困户的收入和消费增长差异。研究结果表明，做了项目的贫困村的非贫困户比没有做项目的贫困村的非贫困户的人均收入和人均消费支出增长要快，但遗憾的是做了项目的贫困村的贫困户与没有做项目的贫困村的贫困户比较，收入和消费增长都没有显著差异。这个结果实际上并不难理解，主要是因为真正的贫困户由于多个因素的限制，难以从村级扶贫开发项目中受益。整村推进的投资主要在基础设施和公共服务领域，如修建了大量的村级道路。我们通常都讲"要致富，先修路"，这个说法从总体来讲是对的，但不是所有的农户只要修路就会变富，对一部分能力强的非贫困农户，交通是他们面临的主要限制因素。道路改善以后（原来没有路现在新修了路或者原来是土路现在是硬化路），就能大幅度改善通行条件，降低交通运输成本。如果是村里比较富裕的家庭，就有钱买一辆车搞运输,相当于创造了一个新的创收渠道。跑运输肯定比种地收益要高,但贫困户买不起车,从而无法直接从中受益。即使不搞运输,村里的能人大户每年有更多的产品要卖出去,有更多的生产资料和消费品要买进来。道路的改善会大幅降低他们的运输成本,从而帮助他们增收和增加消费。但贫困户什么状态?他们既没有东西卖也没有钱买,当然也不能说修路对贫困户完全没有帮助,通行确实更加便利了,仅此而已。真正的深度贫困户是多种因素致穷,只改变一个因素对其帮助不是很大。

不能从一般经济增长中受益的贫困户往往也难以从区域扶贫开发中受益。况且中国的经济增长进入了新常态,从原来每年增长10%下降到年均增长约6%。农村的基尼系数从20世纪80年代初期的0.21提高到现在的约0.4,差距扩大了约1倍[1]。这意味着,同样创造1元钱的财富,贫困人口得到的越来越少。所以我们面临的问题是,经济增长速度下降和收入分配不平等程度提高导致经济增长的减贫效应降低,如果不采取更加有针对性的扶贫政策,就不可能使所有贫困人口脱贫。在这样的背景下,习近平总书记2013年11月在湖南省湘西州花垣县十八洞村考察时,提出了中国农村要实施精准扶贫,从而开启了全国精准扶贫的伟大实践。

二、什么是精准扶贫

精准扶贫是现阶段脱贫攻坚的最主要方略,目标是到2020年使现有标准下的贫困人口全部脱贫,贫困县全部摘帽,

---

[1] 根据国家统计局公布的数据计算。

从而确保党的第一个百年奋斗目标的顺利实现。精准扶贫的基本内涵是扶贫需要更加有针对性，需要到村、到户、到人，而不能停留在区域层面上。扶贫到户到人的难度是很大的，因为贫困人口规模太大，情况复杂，需要做大量艰苦细致的工作。

精准扶贫的标准是什么？什么样的情况算脱贫？标准体现在两个方面，一个是收入稳定超过贫困线，既按 2010 年不变价计算的人均 2 300 元，2020 年现价是 4 000 元。但收入标准有一个问题，就是很难准确估计。国家统计局估计全国农民人均可支配收入用的是抽样调查和记账法，在全国农村只有 9 万户左右的样本。但我们的建档立卡贫困户有近 3 000 万户，约 9 000 万人。这样大的规模不可能采用记账法进行调查，不仅成本太高，也没有那么多技术力量的支撑。贫困户的收入主要由村里进行统计，误差很大，只能作为参考。

稳定脱贫另一个更重要的标准是"两不愁三保障"，即看实际生活状况。"不愁吃"从三个方面看，一是要主食吃得饱；二是要有适量的蛋白质摄入；三是饮水要安全，饮水安全包括吃水不困难和水质安全。"不愁穿"的基本要求是每一个季节有每一个季节的衣服穿，冬天有冬装，夏天有夏装，春秋有春秋装，同时有鞋和床上用品。"义务教育有保障"的基本要求是义务教育阶段不能辍学。"基本医疗有保障"的基本要求是基本医疗保险和大病保险全覆盖，看得起多发病、常见病，慢性病有救助政策和签约服务，大病享受先治疗后付费等优惠政策。"安全住房有保障"的基本要求是贫困家庭不能住危房。只有稳定解决了"两不愁三保障"问题才叫稳定脱贫。2019 年 4 月，习近平总书记在重庆考察的时候召开座谈会的主题就是

"两不愁三保障"突出问题，强调脱贫攻坚和精准扶贫的重点就是解决所有贫困户的"两不愁三保障"问题。

精准扶贫是粗放扶贫的对称，是指针对不同贫困区域环境、不同贫困农户状况，运用科学有效程序对扶贫对象实施精准识别、精准帮扶、精准管理的治贫方式。一般来说，精准扶贫主要是就贫困居民而言的，谁贫困就扶持谁。从精准扶贫的内容角度来看，主要包括精准识别、精准帮扶和精准管理三部分。

其一，要实现精准扶贫、精准脱贫，其中的重要前提和基础就是精准识别。"识真贫"是"扶真贫、真扶贫"的基本前提。精准识别首先要通过一定方式找出贫困人口，探明致贫原因，并在此基础上为贫困人口建档立卡，构建数据库，详细记录贫困户家庭生产生活情况，为制定针对性政策，解决贫困户的贫困问题提供依据。2013年底，中共中央、国务院印发《关于创新机制扎实推进农村扶贫开发工作的意见》，提出由国家统一制定识别办法，并按照县为单位、规模控制、分级负责、精准识别、动态管理的原则，开展贫困人口识别、建档立卡和建立全国扶贫信息网络系统等工作。2014年5月，有关部门印发关于建档立卡、建立精准扶贫工作机制等的文件，对贫困户和贫困村建档立卡的目标、方法和步骤、工作要求等做出部署。2014年在全国范围内开始建档立卡时，国家制定的识别标准是2013年农民人均可支配收入低于国家扶贫标准2 736元的贫困家庭和人口。但精确统计农户的收入是一件复杂的事情，通常由专业机构（如统计部门）通过抽样的方式进行，成本很高，基层政府没有能力对所有农户进行可靠的收入统计。在没有准确家庭收入信息的情况下，对贫困家庭和人口的识别和建档立卡工作通常只能在名额的控制下依靠基层民主评议的方法来进行。基层在民主评议中通常使用综合标准,既考虑农户的收入水平和消费状况,也考虑家庭成员的健康、教育、能力、家庭负担、财产状况。基层识别的贫困是一种多维贫困而不仅仅是收入和消费的贫困。统计部门和基层扶贫部门在估计和识别贫困人口时采用的指标和方法的不一致必然导致精准识别出现偏差。从典型调查的情况和国务院扶贫办随机抽查的情况看,按民主评议的建档立卡贫困人口和按消费及收入估计的贫困人口的重合度仅为50%左右,这意味着有相当一部分收入低于贫困线标准的农户没有被确定为建档立卡贫困户,而一部分收入高于贫困线标准的农户被确定为建档立卡贫困户。实际识别过程中,更多采用"两不愁三保障"方面的标准,收入标准仅作为参考。精准识别在一定程度上摸清了贫困人口底数,找到了贫困人口致贫原因,解决了"扶持谁"的问题。但贫困现象是一个动态变化的过程,精准识别要进一步做实做细,确保把真正的贫困人口纳入建档立卡系统之中,还需要及时进行贫困人口的动态识别调整工作,不断提高识别质量,真正做到"扶真贫、真扶贫"。

其二,要实现精准帮扶,扶贫手段的创新是实现精准扶贫、精准脱贫的强大动力和重要途径。这是精准扶贫的关键。贫困农户识别出来以后,针对扶贫对象的贫困情况定责任人和帮扶措施,确保帮扶效果。一是精准帮扶要坚持习近平总书记强调的实事求是、因地制宜、分类指导、精准扶贫的工作方针,重在从"人""钱"两个方面细化相关工作,确保帮扶措施和效果落实到户、到人。二是做到"六个到村到户":基础设施到村到户、产业扶持到村到户、教育培训到村到户、农村危房改造到村到户、扶贫生态移民到村到户、结对帮扶到村到户，真正把资源优势挖掘出来，把扶贫政策含量释放出来。三是通过进村入户，分析掌握致贫原因，逐户落实帮扶责任人、帮扶项目和帮扶资金。按照缺什么补什么的原则宜农则农、宜工则工、宜商则商、宜游则游，实施水、电、路、气、房和环境改善"六到农家"工程，切实改善群众生产生活条件，帮助发展生产，增加收入。四是在产业发展上，推行专项财政资金变农户股金的模式，也可以通过现金、实物、股份合作等方式直补到户；在住房建设上，推行农村廉租房的做法；技能培训、创业培训等补助资金可以直补到人；对读中、高职学生的生活补贴、特困家庭子女上大学的资助费用，可通过"一卡通"等方式直补到受助家庭；异地扶贫搬迁、乡村旅游发展等项目补助资金可以直接向扶贫对象发放。五是通过干部帮扶，采取群众"点菜"、政府"下厨"方式，从国家扶贫政策和村情、户情出发，帮助贫困户厘清发展思路，制定符合发展实际的扶贫规划，明确工作重点和具体措施，并落实严格的责任制，做到不脱贫不脱钩。

贫困人口致贫原因各不相同，有教育致贫，医疗致贫，建房致贫，缺乏劳动力、就业岗位、资金致贫等。扶贫不能"眉毛胡子一把抓"，而要"一把钥匙开一把锁"，实事求是、对症下药、靶向治疗、精准施策，合理安排扶贫项目和资金，重启贫困地区的"造血功能"，斩断穷根，开掘富源。只有从实际出发，尊重群众意愿，才能避免"花架子"，找到脱贫的"金点子"。与时俱进，不断创新扶贫手段，精准识别，选择准确的帮扶策略，精准施策，确保贫困人口可持续精准脱贫。发展是甩掉贫困帽子的总办法，贫困地区要从实际出发，因地制宜，把种什么、养什么、从哪里增收想明白，帮助贫困人口寻找脱贫致富的好路子。要切实办好农村义务教育，让农村下一代掌握更多知识和技能。抓扶贫开发，既要整体联动，有共性的要求和措施，又要突出重点，加强对特困村和特困户的帮扶。精准扶贫要取得好的成效，仅靠提供扶贫项目和资金是远远不够的，也是不可持续的。扶贫必须与时俱进，不断创新扶贫手段，要实事求是，坚持分类指导，因贫困户、地区、致贫原因、贫困类型来实施帮扶措施，做到精准到户、精准发力。在以往的扶贫工作中，许多扶贫措施难以到达贫困户，就算到了贫困户那里也难以产生很好的扶贫效果，究其原因，贫困户缺乏发展的技术、资金和市场信息，这阻碍了他们的精准脱贫。习近平总书记在中央扶贫开发工作会议上强调，"要解决好'怎么扶'的问题，按照贫困地区和贫困人口的具体情况，实施'五个一批'工程"[①]。"五个一批"是习近平总书记在脱贫攻坚实践中重要的理论创新，即因类制宜地通过发展生产脱贫一批、易地扶贫搬迁脱贫一批、生态补偿脱贫一批、发展教育脱贫一批和社会保障兜底脱贫一批的扶贫手段，来助力贫困人口脱贫。

其三，要实现精准管理，这是精准扶贫的保证。一是农户信息管理。要建立起贫困户的信息网络系统，将扶贫对象的基本资料、动态情况录入系统，实施动态管理。对贫困户实行一户一本台账、一个脱贫计划、一套帮扶措施，确保扶到最需要扶持的群众，扶到群众最需要扶持的地方。年终根据扶贫对象发展实际，对扶贫对象进行调整，使稳定脱贫的村与户及时退出，使应该扶持的扶贫对象及时纳入，从而实

---

① 习近平. 习近平谈治国理政：第2卷. 北京：外文出版社，2017：85.

现扶贫对象有进有出，扶贫信息真实、可靠、管用。二是阳光操作管理。按照《中央财政专项扶贫资金管理办法》，对扶贫资金建立完善严格的管理制度，建立扶贫资金信息披露制度以及扶贫对象、扶贫项目公告公示公开制度，将筛选确立扶贫对象的全过程公开，避免暗箱操作导致的应扶未扶，保证财政专项扶贫资金在阳光下进行；筑牢扶贫资金管理使用的带电"高压线"，治理资金"跑冒滴漏"问题。同时，还引入第三方监督机制，严格进行扶贫资金管理，确保扶贫资金用准用足，不"张冠李戴"。三是扶贫事权管理。针对扶贫工作中存在的省、市、县三级承担任务不明确，监督责任不清晰等问题，国家明确省、市两级政府主要负责扶贫资金和项目监管，扶贫项目审批管理权限原则上下放到县，实行目标、任务、资金和权责"四到县"制度，各级都要按照自身事权推进工作；各部门也应以扶贫攻坚规划和重大扶贫项目为平台，加大资金整合力度，确保精准扶贫，集中解决突出问题。

案例 5-1 驻村帮扶"六个环节"工作法

重庆市黔江区推行驻村帮扶到"六个环节"工作法，精准解决"两不愁三保障"突出问题，做到全面小康路上不漏一户、不落一人。

1. 到户看院子，全面改善人居环境

改善人居环境是驻村帮扶的首要一环。重点关注地质安全不安全、交通便利不便利、设施配套不配套、环境整洁不整洁、邻里和谐不和谐。

2. 抬眼看房子，全面落实住房保障

重点摸排建设年代、建筑结构、安全等级、政策享受、一房多房等情况，严守面积不超标、负债不超限"两条红线"，分类解决搬迁就业问题，确保搬得出、稳得住、能致富；整合易地搬迁、宅基地复垦、农房收储等政策解决建房困难，特困群体由村集体兜底代建，拎包入住。

3. 进门开柜子，全面实现吃穿不愁

明确橱柜中米面油、冰柜中肉蛋奶、衣柜中衣被鞋等配置标准。

4. 伸手开管子，全面确保饮水安全

全面收集掌握群众家中是否有水、水质是否安全、管护是否到位、费用是否合理等情况，以工程性、季节性缺水为突破口，紧盯国家标准，新建集中式供水工程、分散式供水工程。

5. 走近问身子，全面杜绝因病致贫

深入排查群众家庭成员、健康状况、政策享受、报销比例等状况，统筹医疗资源，构建健康扶贫"六重保障"，严格控制贫困户住院自付比例。

6. 坐下问孩子，全面推进扶智树德

动态监控儿童上学、子女就业、户籍关系、抚养赡养等情况，筛查贫困辍学适龄儿童，定期为病残学生送教送育送爱上门。

资料来源：重庆市黔江区扶贫办。

三、精准扶贫的难点在哪里

（一）贫困户精准识别问题

精准扶贫这么复杂的事情显然是比较难的，并且不同阶段难点还不一样。开始出的问题最多的是精准识别问题，把几千万户、接近1亿人找出来，这个挑战很大。计算中国有多少贫困人口很简单，国家统计局有8万多农户抽样调查，先确定8万多户中贫困人口比例是多少，然后和农村总人口相乘就可以估出，而全国的贫困户就需要靠地方政府一户户去找。几千万户怎么去调查？每个村也会统计收入，而村级收入统计有一定局限性，因而没有办法按收入识别。于是各级地方政府各种各样的评估办法就出来了，各种打分。比如"一看房，二看粮，三看家里有没有读书郎，四看有没有病人卧在床"，就是一种评估方法。

还有民主评议。因为毕竟长期生活在一起，谁穷一点，谁好一点，大概有个印象，推荐上来大家讨论，然后公示。中央也深知贫困户识别容易产生误差，所以要求反复回头看，经过好几轮，每次都动员大量人力去核查。最终精准识别贫困户问题越来越精确了。不识别精准根本脱不了贫。

（二）"三保障"方面的教育问题

到2020年保障义务教育，没有说学前教育，也没有说高中教育，更没有说高等教育，扶贫目标就是九年制义务教育，就是说所有贫困家庭的孩子必须上完初中。但这个目标在一些地区难度也很大，2012年笔者去凉山地区调查的时候，有的村2/3的孩子辍学，现在要让他们全部上学，义务教育保障工作的压力较大，而一般地区也有辍学的问题。要求对贫困家庭的义务教育达到100%，有几个大的问题：

第一，厌学。义务教育阶段辍学不是因贫上不起学的问题，而主要问题是学生厌学，成绩不好，跟不上进度。

第二，特殊教育。孩子6～15周岁，即使身体有缺陷，例如聋哑，国家有《义务教育法》，也需要接受特殊教育。但在一些贫困地区，符合特殊教育的孩子也容易辍学。

第三，一部分问题儿童也容易辍学。目前只有一个条件允许不上学，那就是身体原因。大病需要休学可以，但故意辍学就核定为没有保障义务教育。这个要求对一些地方还是很有压力的。深度贫困地区的压力更大，但扶贫成效还是挺大的。笔者2018年曾去凉山一个村普查，发现15～16岁的孩子还在上小学三年级，因为他们以前没有上过学，不能直接让他们上初中，只能从一年级开始上。目标就是义务教育阶段让贫困家庭的孩子必须上学。

（三）医疗的问题

主要是标准、重点和财政负担的问题。什么叫保障基本医疗，每个地方理解都不一样，甚至卫计部门对这方面的理解也不是很清楚，很容易出现偏差。近年来，中央反复强调，脱贫攻坚既不能降低标准也不能盲目提高标准吊高胃口。要扶贫，但把贫困户的扶持标准搞得比非贫困户还高很多，这势必会导致激励问题。中央看到这个问题，及时纠偏，不能降低标准，标准本身就不是特别高，但也不能盲目提高标准。

健康扶贫有段时间就出现了这种问题，重点把大量的资金和精力放在保障大病上，而该保障的一些基本病、常见病、慢性病保障不到位。我们到村里看，村里的病人比例高，相当部分主要是慢性病人。当然，大病得了以后更可怜，更容易引起人们关注，花钱也更多。现在有的地方不顾条件地把大病病人保障标准定得比城市居民还高、比干部还高，有的地方基本上说贫困户看病不花钱，或花钱极少，报销比例有的时候高达95%，严重超越现阶段，财政根本就不可持续。所以，我们说保证基本医疗，不能超越现阶段和我们的能力。

案例5-2　强基层提能力　实现农村贫困人口基本医疗有保障

海南省围绕实现农村贫困人口基本医疗有保障，不断提升乡村医疗服务水平，增强农村贫困人口医疗服务可及性。

1. 实施基层医疗卫生机构标准化建设，实现农村贫困人口就近有地方看病

为保障农村贫困人口就近看病，海南省打破行政区划，重构海南省基层卫生服务体系，实施基层医疗机构规划调整，按服务人口优化配置基层医疗服务资源。出台《基层医疗卫生机构标准化建设行动计划》等11个文件，部署医疗设备以及基层医疗机构信息管理系统建设。

2. 深化人事体制改革，实现农村贫困人口就近有医生看病

针对基层医疗机构招人难的实际，海南省根据各市县卫生健康部门，结合服务人口、床位需求设置编制池，实行编制市（县）统筹管理，不再核定到具体单位，而是根据实际需求调剂使用。采取"县招乡用、乡招村用"和定期轮换两种方式，针对基层医疗机构留人难的实际，改革

基层医疗卫生机构管理体制，允许将基层收支结余作为绩效工资增量，不纳入绩效工资基数；针对基层医务人员晋升难的问题，改革职称评审，加快基层医疗机构高职称队伍建设。

3.加强人员培训，提升乡村医疗服务水平

实施基层卫生人才素质提升"三个一百"项目：每年定向招聘乡村医生100名、基层学历提升100名、乡医轮训100名，并通过挂职锻炼、专科培训、考前培训等多种形式切实提高基层医务人员能力水平。

资料来源：海南省卫健委。

（四）危房改造问题

到2020年，不能让贫困人口住危房。到底应怎么做？只要有危房就改？如果要这样改村里会有很多矛盾。我们发现有的家庭孩子住楼房，特别豪华，父母却住着危房，这种情况怎么处理？符不符合"危房改造"要求？所以，这是一个非常复杂的问题。有的贫困户给他改了危房，改了以后还住在危房里，把改好的房子给孩子住。各种各样的现实问题，怎么把握？现在基本政策是，如果确实是贫困户，并且子女没有能力，政府应该改危房；如果有好几个子女，子女都住非常好的房子，父母住在危房里，我们会要求子女负责任，政府起到监督的作用。不能说孩子如果有能力政府就不管了，政府需要监督。脱贫攻坚都完成了，结果记者跑去村里拍照片，说你们脱贫攻坚都完成了，怎么还有老人住危房？所以，我们现在要求各尽其责。现在没有要求不顾情况全部建新房子，那会造成很多浪费和矛盾。所以，脱贫攻坚讲究实事求是。还有细节的问题、特殊情况的问题，一户户去看，一户户去解决。

（五）2020年后是稳定脱贫问题

不能出现2020年脱贫攻坚都解决了，但政策一停，大量人口又返贫了，中央特别担心这个问题。所以，2020年后主要的问题是收入稳定和内生动力问题。不能2020年以后，人就没有动力了，就等着政府去扶贫。如果只靠简单发钱，内生动力不够，没有稳定创收的机制，贫困现象还是会出现。

现在这个阶段，地方政府亟待解决的就是产业扶贫问题。稳定创收是各个地方政府非常关心的。比如，上学、医疗拿财政扶贫资金，用公立医院、公立学校去解决，产业发展是市场的问题，政府不能主导。并且现在的贫困户发展产业能力都很弱：生产能力弱、市场能力更弱、抗风险能力弱、且没有竞争能力。

现在产业扶贫和过去20年不一样了，那时候产业扶贫，很多贫困户温饱问题都没有解决，分发给他们两包种子、化肥，多生产出来粮食，多吃一点就有效果。现在不是这个阶段了，吃没有问题了，产业要创收、要进入市场，进入市场就要和别人竞争。现代的经营主体——专业公司、合作社、家庭农场，贫困户单独和它们竞争，怎么可能竞争得了？

所以，现在的产业扶贫是要带着贫困户发展产业，是把各方资源整合起来，让市场主体带着他们去做，主要是这个思路。市场主体怎么扶贫呢？扶贫有两模式，一种是慈善的方式；一种是市场的方式，市场的方式就是让贫困户、贫困人口有能力参与市场，但市场主体都愿意和能力强的人合作，现在产业扶贫需要把贫困户带起来。这里核心的问题是，在我们的制度和体制下还是有可能的,有很多资源市场主体也是需要的,他们参与这个过程也不吃亏。

如果扶贫还能得到发展,这才可持续。现在的产业扶贫有四种模式:

第一,生产直接带动模式。通过产业发展把贫困户纳入产业链中,结合每一个贫困户的特点制定生产带动模式,例如,对于不懂技术的农户,通过技术指导告诉他们适合养什么、怎么养,并在此基础上,为贫困户解决市场问题,使其可以专注生产。

第二,就业创收模式。一些贫困户没有做专业户的想法和动力。比较典型的想法是:只要我干活你能给我工资就行了,我能稳定就业就能脱贫,我不承担风险,你只要别拖欠我工资就行。就业创收模式是现在特别重要的模式。现在有"扶贫车间""扶贫微工厂",通过各种各样的形式把一些简单的生产环节移到村里去。现在很多贫困人口是弱劳动力,他们没有办法出去打工,只能待在家里。

第三,资产收益模式。这种模式下贫困人口可以什么都不干,用资产获得收益。这个资产可以是自己的,比如土地交给别人,把宅基地给别人搞乡村旅游,自己收分红;有的是用政府的资金入股企业获得分红。贫困户没有劳动力也无须担心,通过分红可以获得收益。为了防止养懒汉,现在要求有劳动能力的必须干活,当然干活最好去市场上干,获得工资。实在没有市场机会,就给贫困户公益岗位。

第四,混合带动模式。把前面几种模式全混在一起,效果很好,既有资产收益又让你就业,一些地区也是采用这一模式帮助贫困户稳定创收。

这里也存在一些挑战需要注意：

一是贫困地区缺乏有带动能力的经济主体。本身没有什么主体，不管是企业、合作社，还是能人大户。产业扶贫没有主体参与，只靠扶贫户是搞不起来的。

二是激励机制的有效性和可持续性问题。如果有主体，怎么让它们愿意长期去扶贫？这是个挑战，需要主体积极地参与扶贫，通过就业和岗前培训等带动贫困户脱贫致富，并在2020年后保持机制的延续性。

三是利益联结机制。扶贫离不开大量资源的投入，如何构建扶贫参与主体与农户的利益联结机制是影响扶贫成效的关键，需要确保利益联结的稳定性和利益分配的合理性，如果做不到这两点，扶贫成效和最终目标的实现都会受到影响。

四是如何处理好政府和市场主体的关系。政府和市场主体需要明确在帮扶工作中各自的工作内容和范围，因为扶贫涉及多个主体，并且涉及市场行为。

五是市场扭曲和农产品供给过剩问题。比如，到处都种核桃，到处产业同质化，那么种出来以后卖给谁？

精准扶贫，不仅要在贫困地区发展产业，还要在发展产业中把贫困户带动起来，这比较困难。国际上也有这样的难题，叫作金字塔战略，我们叫作产业扶贫。贫困户中很大一部分人还是有发展能力的，现在没有被充分利用起来。所以，这个事情很关键、很重要，但挑战也不小。

四、精准扶贫是否有效

总体来看，精准扶贫的效果是显著的。一是贫困人口大幅减少，减贫速度一年比一年快。2013年以来，贫困人口累计减少了8 249万，每年的减贫规模都在1 200万人以上。由于基数越来越小，每年体现出的减贫比例越来越大。2014年，贫困人口减少了14.9%，而2018年则减少了45.5%。2019年，共减少贫困人口1 100多万，截至目前，9 899万农村贫困人口全部脱贫，彻底消除了绝对贫困。

二是收入和消费快速增长，区域差距进一步缩小。2018年，贫困地区农村居民人均纯收入比2012年增长了约2倍，比全国平均增速高2.3个百分点。2018年贫困地区农村居民人均可支配收入达到了全国农村平均水平的71%，比2012年提高了8.8个百分点。贫困地区消费支出达到了全国平均水平的74%，比2013年提高了3.4个百分点[①]。贫困地区与其他农村地区的收入和消费差距进一步缩小。

三是生活条件不断改善。2018年，贫困地区居住在钢筋混凝土房或砖混材料房的农户比重为67.4%，比2012年提高28.2个百分点。居住在竹草土坯房的农户比重为1.9%，比2012年下降了5.9个百分点。使用卫生厕所的农户比重为46.1%，比2012年提高20.4个百分点。饮水无困难的农户比重为93.6%，比2013年提高12.6个百分点[②]。贫困地区生活质量的改善在这些方面都很明显。

四是基础设施显著改善。2018年末，贫困地区通电的自然村接近全覆盖，通电话、通有线电视信号、通宽带的自然村比重分别达到99.2%、88.1%、81.9%，比2012年分别提高5.9个、19.1个、43.6个百分点。贫困地区村内主干道路面经过硬

---

①② 国家统计局. 扶贫开发持续强力推进 脱贫攻坚取得历史性重大成就：新中国成立70周年经济社会发展成就系列报告之十五. 国家统计局网，2019-08-12.

化处理的自然村比重为82.6%，比2013年提高22.7个百分点。通客运班车的自然村比重为54.7%，比2013年提高15.9个百分点[①]。

五是公共服务水平不断提高。2018年，贫困地区87.1%的农户所在自然村上幼儿园便利，89.8%的农户所在自然村上小学便利，分别比2013年提高15.7个和10.0个百分点。有文化活动室的行政村比重为90.7%，比2012年提高16.2个百分点。贫困地区农村拥有合法行医资格的医生或卫生员的行政村比重为92.4%，比2012年提高9.0个百分点。93.2%的农户所在自然村有卫生站，比2013年提高8.8个百分点。78.9%的农户所在自然村垃圾能集中处理，比2013年提高49.0个百分点[②]。

六是改变了农村的基层治理方式。为了帮助贫困村实施好精准扶贫，各级政府向全国12.8万个贫困村和部分非贫困村选派了第一书记和驻村工作队，常年驻村帮扶，协助村两委落实各项精准扶贫政策。同时对所有建档立卡贫困户指派了帮扶责任人，负责了解贫困户的情况和沟通信息，并在思想和行动上激励贫困户自主脱贫。严格的督查和考核评估机制使基层弄虚作假而不被发现的可能性越来越低。因此，干部工作作风有很大改善，从以往浮在上面到经常进村入户。各级干部，包括书记、县长每年花大量的时间深入村、户，经常还采用暗访的方式。形式主义和官僚主义在一定程度上得到了抑制。很多机制将会在乡村振兴中得到应用，为有效治理打下良好的基础。

[①②] 国家统计局. 扶贫开发持续强力推进 脱贫攻坚取得历史性重大成就：新中国成立70周年经济社会发展成就系列报告之十五. 国家统计局网，2019-08-12.

参考文献

［1］财政专项扶贫资金管理办法.绿色财会，2012（1）.

［2］国家统计局.扶贫开发持续强力推进 脱贫攻坚取得历史性重大成就：新中国成立70周年经济社会发展成就系列报告之十五.国家统计局网，2019-08-12.

［3］汪三贵，郭子豪.论中国的精准扶贫.党政视野，2016（7）.

［4］中共中央办公厅.关于创新机制扎实推进农村扶贫开发工作的意见.老区建设，2014（1）.

［5］PARK A, WANG S. Community-based development and poverty alleviation: an evaluation of China's poor village investment program. Journal of public economics, 2010（6）.

［6］习近平.习近平谈治国理政：第2卷.北京：外文出版社，2017.

第六章

脱贫攻坚与精准扶贫：我们做了什么

一、扶持谁

确定扶持谁，实际上要做到精准识别，就是要通过有效的方式将几千万个贫困家庭和接近1亿的贫困人口找出来。不做好精准识别，精准扶贫就失去了基础。这个工作难度比较大，刚开始时标准不清楚，方法不统一，地方理解也不一样，做得五花八门。有的地方用比较量化的方式去识别，重点看"两不愁三保障"方面的问题，并根据问题的严重程度打分。如果居民家住危房打分就高，房子越好分数越低；有病人的家庭打分高，没有的打分低……最后各项加总后分数高的就是贫困户。但是更多的地方采用的是民主评议，农村和城市不一样，是熟人社会，大家对村里谁穷谁富大体有个判断。大体程序是每一个村民小组将本组比较穷的家庭推荐给村两委，村里召开村民代表大会对推荐名单进行评议，确定名单后公示。如果村民有异议，村干部（包括驻村工作队）进行核实，村民代表大会再进行讨论，然后再进行公示。这一过程通常要进行多次，如果村里分歧过大，确定不下来或者投诉很多，乡镇包村干部就需要介入，了解情况后进行协调。在开始时，各地对精准识别的理解和认真程度差异很大，导致识别的准确度出现很大的差异。优亲厚友、徇私舞弊导致的漏评和错评现象时有发生。为了防止各地为获取扶贫资金而夸大贫困人口的数量，最初进行精准识别的时候是逐级分配名额的。名额控制下的识别工作在地方政府不理解和不认真的情况下会出现严重的问题。比如，有的省将贫困村的识别和贫困人口的识别捆绑在一起进行，并且要求贫困村必须有60%以上的贫困人口。在贫困人口名额有限的情况下，基层就只能把所有贫困户都放到了贫困村，而非贫困村没有一个贫困户。实际上，一些相邻的贫困村和非贫困村并没有多大的差别。结果就会出现贫困村的村干部和很多富裕户也被识别为贫困户，而非贫困村里真正的贫困户却没有识别出来。

为了解决识别不准的问题，中央要求各地进行精准识别回头看，重新进行识别。很多地方回头看就进行了两次，有的甚至进行了三次。每一次回头看，全国各地就动员几百万人下沉到村，帮助村里进行精准识别。除了大规模的回头看外，每年还要进行小规模的动态调整，确保真正的贫困家庭都被识别进来并建档立卡，把不该进来的非贫困家庭清退出去。漏评率是贫困县退出考核评估中最重要的指标之一，如果漏评率太高（要求不超过2%），贫困县将不能摘帽退出。国家第一批贫困县退出评估时，云南禄劝县就因为漏评率太高而没有退出。各地在了解了精准识别的重要性并积累了经验后，都高度重视识别工作。后来，贫困户的识别和建档立卡总体来看非常精准，为精准扶贫和精准脱贫打下了良好的基础。考核评估对精准识别和精准帮扶起到了重要的促进作用。

二、怎么扶

识别出来并进行建档立卡后，就需要进行精准帮扶。基本要求就是根据贫困户和贫困人口的状况和致贫原因，因人因户地施策，采取综合性的帮扶措施。

（一）稳定创收政策

创收政策包括产业扶贫、就业扶贫、资产收益和混合创收。没有产业发展和稳定的就业，稳定脱贫是很困难的。到底怎样帮助贫困户发展产业是地方政府面临的最大挑战，很多地方做了大量的尝试，取得了一定的成效，但也有不少产业扶贫方式成效不佳甚至浪费很多钱。西部有一个贫困县让全县的贫困户都养珍珠鸡，花了近2 000万元，结果鸡苗发下去了，很多鸡却被养死了，不仅没有赚到钱，还亏了本。产业扶贫是市场化的扶贫方式，政府主导不了，过度主导就容易失败。贫困户搞产业的能力都很弱，比如，别人养猪养鸡养得好好的，贫困户却养不好，这是因为贫困户缺乏基本的知识和技能，也不懂管理，更不懂市场。所以贫困户自主搞产业，规模大点就很容易出问题，并且还面临着与农业新型经营主体的竞争。

产业扶贫需要创新模式，贫困户需要在市场竞争力强的新型经营主体带动下发展产业。贫困户只能做一些简单一点的工作，稍微复杂一点由别人帮着干。比如说食用菌生产，贫困户就负责浇水、采摘等简单的工序，菌种选择、菌棒的制作、大棚的建造和食用菌的销售都由专业化公司或合作社来完成。在这个过程中，贫困户也会不断学习、积累经验和技能，并逐步增强信心，慢慢扩大生产规模。

要让新型农业经营主体带着贫困户发展产业还需要解决经营主体的激励问题。在中国参与产业扶贫的主要是商业性的民营企业，而不是社会企业，商业企业就需要考虑成本-效益问题。如果要求商业企业尽社会责任，它们可以通过捐赠和支持公益事业这种更简单的方式来做。而产业发展是一个长期的市场行为，参与的各方需要合理的激励机制才可持续。这里的关键是整合各方面的资源，提高资源利用效率，从而让各方都获得利益的提升。例如，在中国的土地制度下，贫困户也有土地资源，只是使用效率很低。像贵州六盘水、湖南湘西种玉米1亩地一年1 000元的纯收入都很难获得，但把土地交给新型经营主体生产高价值的特色产品（如猕猴桃），每亩利润就提高到1万元以上。政府也有大量的扶贫资源用于产业扶贫，如财政扶贫资金、贴息贷款（每个贫困户有5万元的额度）等。把这些资源整合在一起，让贫困户在企业、能人、大户的带领下发展产业，成功率要高很多。新型经营主体在这个过程中也能解决部分土地、资金等方面的问题，从而形成双赢的格局。当然，地方政府需要协助贫困户与经营主体之间建立合理的利益联结机制，防止处于弱势地位的贫困户利益受损。

不是所有的贫困户都有能力和意愿发展出一个可持续经营的产业来，稳定就业是多数贫困户更合适的选择和创收渠道，在世界其他国家也是这样。产业经营有各种风险，如自然灾害、市场波动等，很多风险贫困户承受不了，而就业面对的风险要低很多，只要不拖欠工资就行。稳定就业是解决贫困户收入问题最有效的途径。由于年龄、健康等方面的原因，很多贫困户只有弱劳动力，外出就业对他们是不现实的，只能在本地提供就业机会。除了劳动密集型农业产业（如水果生产）能提供大量就业机会外，一些地方在村里引入"扶贫车间"，把一些劳动密集型的手工业品放在村里生产，从而为弱劳动力提供了大量的就业岗位。工资按市场原则设定，多劳多得，能者多得。计时工资通常每天50～60元，能够计件的则采用计件工资。就业扶贫强调的是把就业机会优先提供给贫困家庭，而不是盲目提高工资。由于在家门口就业生活成本低，企业也不需要负担额外的成本（如正式工人的"五险一金"），只要产品选择合理，对企业和贫困户双方都有利益。每天50元的工资只要能工作半年，收入也接近1万元，是贫困线标准的3倍。

另外一个方式是资产收益扶贫。贫困户拿出耕地、林地、住房等自有资产，或政府拿财政扶贫资金，正式或非正式入股到企业和合作社。企业或合作社等经营主体利用这些资产经营，产生收益后给贫困户分红。有些地方甚至采用"户贷企用"的方式将信贷扶贫资金借给企业，然后给贫困户分红。分红的比率6%～12%不等，取决于企业的盈利能力和地方政府与企业讨价还价的能力。由于资产收益扶贫不依赖贫困户的经营能力和就业能力，可以覆盖到所有贫困户。很多地方所谓的产业全覆盖，主要采用的是资产收益模式。简单的资产收益扶贫一个主要问题是不能增强贫困人口的能力和内生发展动力，有养懒汉的嫌疑。如果用财政扶贫资金或信贷扶贫资金做资产收益项目，就跟社会保障没有本质的区别。所以对有劳动能力的贫困户，不鼓励在不参与生产和就业的情况下简单分红。问题是参与资产收益扶贫的很多企业不是劳动密集型企业，不能为贫困人口提供就业机会，更不能带动贫困户的生产经营。在贫困户不能直接参与的情况下,各地创造了贫困户通过公益岗位间接参与的模式。目前农村环境问题突出,不完全是鸟语花香、山清水秀。一些社会服务也没有人做,如失能老年人的照料等。利用分红收入设置公益岗位①,雇用贫困家庭的劳动力做力所能及的事情是一举两得的安排。这既改善了环境、提供了公益服务,又避免了养懒汉问题的发生。

有的地方尝试把前面三种方式结合起来,既有资产收益,又有产业发展,还有就业帮扶。以重庆一个县乡村旅游扶贫为例,乡村旅游近年来在西南地区的一些山村发展较好,因为山区环境优美,空气好,夏天凉爽,生活成本低,管吃管住一个月2 000多块钱。这些地方夏天经常游客爆满,收益很高。但贫困户以前却没有从中受益多少,因为贫困户家庭条件简陋,有的甚至是危房,发展不了家庭旅馆。为了鼓励贫困户发展旅游,地方政府为贫困户提供了3万元的专项资金。考虑到贫困户的住房状况和经营能力,把3万元直接给贫困户发展旅游还是有相当大的风险的。一个乡镇把36个贫困户组织起来与旅游山庄合作,将36户的108万元专项资金交给旅游山庄经营获得10%的分红。为了防止简单分红养懒汉,只分1 500元给每一个贫困户,另外一半作为激励资金鼓励贫困户参与生产。旅游山庄每年要消费大量农产品,山庄承诺包销这36户生产的所有农产品。农户卖给山庄的农产品越多、金额越大,它从另一半资产收益(除农产品收入外)中分到的比例也就越高。山庄通过这种激励机制鼓励贫困户增加生产并创收,鼓励贫困户调整生产结构,生产价值更高的产品,如从生产玉米饲料转为生产食用玉米,养土鸡等。此外,山庄把就业岗位优先提供

---

① 公益岗位,包括打扫卫生、护林、防火、巡河、治安、生活照料、护理等。

给这36个贫困户，获得就业收入。

> **案例6-1 猕猴桃产业助力脱贫攻坚**
>
> 重庆市黔江区针对猕猴桃产业存在的基地比较分散、扶持政策落实不到位、基层政府积极性不高、病虫威胁日益凸显、产业链发展不完善、科技支撑力度不够等问题采取了如下解决措施：
>
> 1. 密切联系实际，稳步推进猕猴桃产业发展
>
> 巩固标准化示范基地建设，以"稳面积、上管理、保投入、调投向"为导向，将产业发展资金重点投向技术培训、果园管护、设施配套建设，不断提升猕猴桃产量和品质。
>
> 2. 大力发展专业合作社，提高组织化水平
>
> 全面加快猕猴桃专业合作社建设，通过正确引导和规范，提高农民加入猕猴桃专业合作社的积极性，并以猕猴桃专业合作社为中心，引导猕猴桃产业基地生产逐步向适度规模、集约化经营和专业化生产转变。
>
> 3. 实施品牌战略
>
> 积极倡导龙头企业和合作社联合，打造地域品牌，统一包装（贴牌）推介和营销宣传，充分利用新闻媒介宣传黔江猕猴桃品牌。
>
> 4. 加强病虫防控，不断完善防控体系
>
> 严格执行种苗入境检疫，在基地村设立病虫监测点，以基地村为单位组建病虫专业防治队伍，实施病虫统防统治，严密监测，确保及时采取有效的措施进行防除。

> 5. 强化科技支撑，确保量质并举
>
> 加强与科研单位、大专院校合作，引导企业培育具有自主研发能力的科技队伍，保证品种及时更新换代。抓好技术培训和指导，更新种植技术，提高种植水平。
>
> 6. 加快产业链建设，推进产业持续健康发展。
>
> 依托企业建设猕猴桃产业园区，推进新品种展示、冷链运输、产后处理、气调贮藏、加工、电子交易平台、鲜果和加工产品配送等各类产业链建设，逐步建成猕猴桃区域性批发交易中心。
>
> 资料来源：重庆市黔江区。

（二）教育扶贫

教育扶贫的主要目标是保障义务教育，标准是小学和初中阶段不能辍学。这个要求对贫困家庭是比较高的，因为对一个县来说并没有要求义务教育阶段达到100%的入学率。但是对于贫困家庭要求义务教育阶段入学率100%，除非因身体原因实在上不了学的才允许辍学，这样有利于阻止贫困的代际传递。保障义务教育的难点在厌学儿童、问题少年和特殊教育孩子，不是因贫上不起学。现在义务教育都是免费的，生活费用各地都有补贴，不可能出现因贫上不起学的情况。厌学在农村还是一个比较普遍的现象，特别是到了初中阶段，一部分孩子成绩太差，跟不上进度，产生厌学情绪。认为反正上不了或不想上高中，年龄大一点的还可以出去打工，所以初二、初三就辍学了。问题儿童由于在学校的各种不良行为，容易遭到学校、老师、同学和其他家长的抵制，辍学的可能性也很高，但这类孩子也比较容易成为社会问题。达到一定人口规模的县都设立了特殊教育学校，专门对身体、精神有缺陷的儿童进行有针对性的特殊教育。因此，符合特殊教育标准的适龄儿童需要接受特殊教育，不能辍学。有些地方采取送教上门的方式解决无法正常上学的孩子的教育问题，但送教上门容易走形式，需要有严格的监督。对于一般的农村地区，保障义务教育主要不是花钱的问题，而是要采取有效的控辍保学措施。地方政府、教育部门和家长共同努力将辍学儿童劝返回学校，这需要做大量耐心细致的工作。对于随父母外出居住的建档立卡贫困家庭的孩子，户籍所在地的地方政府也需要密切跟踪孩子的上学动态，防止在外地辍学。

保障义务教育在部分深度贫困地区挑战比较大。保障义务教育的标准对深度贫困地区也是一样的，最近几年四川凉山州在控辍保学方面做了大量的工作，让辍学的孩子上学。2018年，我们调研组去一个村调研"两不愁三保障"的情况，发现辍学的儿童已经很少了，少数几个孩子辍学是因为孩子太小，上学太远[1]，家长想推迟孩子的上学年龄。大量的孩子进入学校给镇上的学校带来了很大的压力。一是师资不够，50人以上的大班非常普遍。二是硬件条件跟不上，出现一个小床睡好几个孩子的情况。所以，在像凉山这样的深度贫困地区还需要更多软硬件投资。除了加强乡镇中心学校的建设外，应在一些中心村建设小学，提高低年级学生上学的方便程度。在深度贫困地区，当地产业发展的基础条件较差，基础设施投资成本高。长期而言，投资于人比投资于物会产生更好的减贫和发展效果。例如，在凉山的一些村庄，我们发现只要能外出打工，农

---

[1] 小学在18公里外的镇上，没有公共交通，主要靠步行。

户的收入问题基本就能解决，而在当地依赖种养业的农户，收入水平都很低，难以达到贫困线标准。基础教育，哪怕只学会汉语（当地多数人都不会说汉语）对外出就业也会有很大的帮助。

除了保障义务教育外，教育扶贫政策也涉及学前教育、高中教育、职业教育和高等教育各个方面。例如，对贫困家庭的学前儿童上幼儿园有补贴，免除了所有建档立卡贫困户高中生的学费并给予生活补贴，职业高中免费并给予生活补贴。

（三）健康扶贫

因病致贫是所有致贫因素中比例最高的，接近一半的建档立卡贫困户有家庭成员患各类疾病。健康扶贫的目标是保障贫困人口的基本医疗，减轻贫困家庭的医疗负担，提升贫困人口的健康水平。这几年健康扶贫的政策很多，力度很大。一是城乡居民基本医疗保险和政策性大病保险对贫困人口全覆盖，并对个人的缴费部分进行全额或部分补贴；二是对慢性病进行认证，建档并给予专项门诊补贴，实行签约服务；三是提高贫困人口住院费用的报销比例，在县内定点医院住院实现免交押金、先诊疗后付费的优惠政策，住院后的结算采用一站式服务，有效地解决了贫困人口因筹不到钱而放弃治疗的问题，大大减轻了他们的医疗负担。

健康扶贫领域的主要问题：一是该保障没有到位；二是有些方面过度保障，超越了目前的发展阶段和财力。保障不到位的问题主要出现在慢性病的鉴定和签约服务方面。由于慢性病种类多、情况复杂，要达到一定的程度才能办理慢性病卡并享受门诊报销补贴，这就需要对慢性病患者进行正规检查。在宣传不到位和需要病人主动申请去县级医院体检的要求下，一些病情较重的慢性病人就没有得到认证和办卡,也就享受不到相应的门诊报销政策。有些地方政府工作做得比较细致,为慢性病人提供有组织的体检或上门服务。对符合条件的慢性病人发放慢性病卡并享受门诊报销政策,对没有达到办证标准的轻度慢性病人或目录外的慢性病人则发放告知书。过度保障的问题主要出现在大病住院的兜底报销方面,有些地方要求贫困人口住院自付部分不超过3 000元,有的地方报销比例达到95%以上,有的地方对大病还有商业补充保险,在病人住院期间还有生活补贴。过高的报销标准和不合理的补贴会导致过度医疗问题,在一些地方出现贫困人口在冬天住进医院不想出来、不花钱还挣钱的现象。过度保障也导致财政上不可持续,有的县医保基金存在缺口长达4个月,贫困户的过度报销是主要原因。过度保障还会造成贫困户和非贫困户之间的矛盾,特别是导致了比贫困户好不了太多的边缘户的强烈不满。

健康扶贫政策的设计一定要合理适度,财政上要具有可持续性,并且要考虑到与乡村振兴的衔接问题。重点保障多发病、常见病的基本医疗服务,大病住院重点落实好先诊疗、后付费和一站式结算等优惠政策,适当提高报销比例,不以看病后负债多少为判断是否保障了基本医疗的依据。

(四) 危房改造

保障安全住房的要求是所有的贫困户不能住危房,但这并不是说所有的贫困户住上新房、好房。土坯房有安全标准,窑洞也可以是安全的,没有安全问题的旧房都是可以的。对于一些特殊类型的贫困户(如五保户、老年户等),租住或稳定借住在安全住房里也是可以的。现在农村的房子本来就太多,很多房屋长期无人居住,在乡村振兴阶段需要拆除,盲目建房会造成大量的浪费。解决贫困户安全住房的主要政策是危房改造，即对居住C、D级危房的贫困户的房子进行加固或重建。

危房改造在实施中面临的主要难题是边缘户的问题，特别是分户老人住危旧房屋的问题。现在农村住破房子的主要是老人，特别是非贫困老年户。如果是贫困老年户，一般通过危房改造政策把房屋改造好了。有些老年人尽管分户居住，但子女经济状况好、赡养能力强，这样的老年户一般都不会被识别为贫困户。对于这种住危房的边缘户，我们不能鼓励政府无条件地改造住房，否则将会鼓励子女不养老，导致更多的社会问题。而是应该分清责任，子女负主要赡养责任，包括解决住房安全问题；政府有监督责任，通过调解和法律手段督促子女尽到养老义务。只要村级组织和政府介入，子女通常都会通过多种方式解决父母的住房问题。对于年龄较大的贫困老年户和独居老人，村里建公住房也是一种更加经济的解决方式。

（五）易地扶贫搬迁

一部分贫困人口生活在地质灾害多发、资源和生态环境恶劣的地区，即通常所说的"一方水土养不活一方人"的地方，还有一部分贫困人口居住过于分散。要在当地解决他们的贫困问题基本不可能或成本太高。如工程性缺水的地方就不可能解决饮水安全问题，居住过于分散则难以提供公共服务，而且修建道路、饮水、通信设施成本太高。对于这样的贫困地区的群体，主要扶持措施是易地扶贫搬迁。贫困人口的易地搬迁是20世纪80年代初期从"三西"地区开始的，但脱贫攻坚期间搬迁规模最大，5年时间搬迁了1 000万贫困人口。搬迁多数都采取集中安置的方式，要么通过建安置小区把贫困户安置在城镇（主要是县城和乡镇），要么就近在本村集中安置，也有少部分通过投亲靠友的方式分散安置。易地扶贫搬迁的资金主要由各级政府来筹集，总共筹集了6 000亿元，每人6万元。搬迁户需要自筹的资金比例很低，有效解决了以往搬迁中容易出现的贫困人口搬不起的问题。搬出来后面临的主要问题是能不能稳得住，如果没有稳定的收入来源，加上不能适应和融入城镇生活，就可能出现搬出来后又返回原居住地的现象。一些地方主要通过两区①同建，为搬迁户提供就业机会。通过搭建就业信息平台和技能培训后外出就业也是一种解决方式，另外就是提供公益岗位给搬迁户的弱劳动力。

案例6-2　青石镇大屋幸福新村易地扶贫搬迁

湖北省蕲春县青石镇大屋幸福新村项目于2013年10月启动、2014年8月全面竣工。项目共计投入建设资金近1 300万元，搬迁山区移民户贫困家庭126户共320人。

1. 注重"选"，确保决策精准

第一，选准搬迁对象。重点选择交通通信设施落后、就医就学不便、田地贫瘠、粮食歉收、住房安全隐患多的村庄。第二，确定选址原则。一是交通要便利，方便就医就学；二是用地要节约集约，不占耕地；三是周边有产业，可拓宽就业门路。第三，优选设计方案。为了高标准高质量地建设好幸福新村，经过多番论证，确保方案经济又适

---

① 两区是指安置区和工业或农业园区。

用，符合当地居民居住习惯。

2. 注重"建"，确保工程质效

第一，组建专班建。成立了领导、协调、工程监督和施工四个专班，确保工程保质保量按期完工交付。第二，整合资金建。在争取定点扶贫单位——招商局集团现金扶持基础上，县政府协调交通局、环保局、水利局、国土局等部门对道路建设、基础设施建设、污水管网建设等进行配套支持。

3. 注重"扶"，确保脱贫致富

第一，政策保底线。为五保老人积极争取政策保底，按照生活习惯，统一添置生活设施，搭建灶台，配齐厨房用具和餐具。第二，培训强技能。加强培训，帮助搬迁户掌握生产技术，提高就业能力。第三，产业助致富。在充分发挥本地自然资源禀赋的基础上，加大对旅游产业、药材种植产业、养殖产业的扶持力度。

4. 注重"管"，确保幸福安居

第一，借助自我管，引导居民增强自我管理自我服务能力。第二，借助原村管，维持户籍管理。第三，借助驻村管，确保新村两委在政策宣讲、环境保洁、社会治安管理、设施设备维护上工作到位。第四，借助民政管，为五保户、低保户发放生活补贴资金，提供捐款捐物等服务。

资料来源：湖北省蕲春县青石镇。

（六）社会保障兜底

对于没有劳动能力的贫困家庭，采取综合性社会保障政策把他们兜底保障起来。通过低保和五保政策解决收入问题，通过养老院、福利院、公住房解决住房问题，通过医保和医疗救助解决看病问题，通过集中供养或互助养老解决生活照料问题。

三、谁来扶

"没有比人更高的山，没有比脚更长的路。"习近平总书记在中央扶贫开发工作会议上指出，脱贫致富终究要靠贫困群众用自己的辛勤劳动来实现。要重视发挥广大基层干部群众的首创精神，让他们的心热起来、行动起来，靠辛勤劳动改变贫困落后面貌。要在党和政府的领导下，调动社会各方力量，激发贫困群众内生动力，形成党委、政府、干部、群众、社会、市场多元主体参与的组织系统，这是构建脱贫攻坚组织系统的重要目标。具体而言，我国脱贫攻坚的主要力量包括以下三个部分。

（一）脱贫攻坚的行政体系

中国的扶贫开发是按照行政体制实施的。行政体系分为五级，依次是中央、省（自治区、直辖市）、市（地区、自治州、盟）、县（区、旗、县级市、行委）和乡（镇、街道）。大规模有组织、有计划的减贫行动始于1982年，1986年成立国务院贫困地区经济开发领导小组。

同时，中国政府依靠行政体制建立了自上而下的扶贫开发机构，开展了有效的减贫活动。建立由中央有关行政职能部门组成的扶贫开发领导小组，负责组织、指导、协调、监督和检查扶贫开发总体工作。国务院扶贫开发领导小组下设有办公室，负责领导小组的日常工作。有关省（区、市）、州（市）和县（市、旗）也建立了相应的组织，领导和协调当地的扶贫开发工作。为应对农村扶贫相对薄弱的治理，党组织派出第一书记到贫困村，并成立了乡村专责小组专门致力于扶贫。

作为扶贫政策的基层实施单位，贫困村的经济社会发展相对落后。根据《关于加强贫困村驻村工作队选派管理工作的指导意见》，县委县政府坚持选择村组，并根据贫困村的特点，组织和协助单位选拔第一书记和驻村工作队，充分发挥派出单位和村干部的优势，提高脱贫工作效率。村里每个工作队通常不少于3人，每个村的居住时间不少于2年。干部在村里停留期间不承担原单位的工作，党员组织关系转移到他们所驻扎的贫困村。在村任职期间，第一，要帮助村民委员会改进贫困户的认定方法，帮助解决和协调在识别过程中容易发生的矛盾；第二，利用帮助单位和个人从外部组织动员更多力量、资源进行有针对性的扶贫；第三，是协助村民委员会建立扶贫帮困长效机制，使贫困户受益；第四，是切实监督村级有针对性的扶贫工作，防止舞弊和腐败现象发生；第五，在有针对性的扶贫过程中，培养贫困村干部的责任心和能力，增强贫困村的内生发展动力，走可持续发展之路。驻村帮扶制度大大提高了村级扶贫管理水平，促进了扶贫开发事业的提升。

（二）脱贫攻坚的责任体系

脱贫攻坚按照"中央统筹、省负总责、市县抓落实"的扶贫管理机制，构建责任清晰、各负其责、合力攻坚的责任体系。各级党委和政府签订脱贫攻坚责任书，立军令状，坚决打赢脱贫攻坚战。实施扶贫责任制,有利于各级组织实现清晰的分工、明确责任,不仅要履行职责,还要协调行动。贫困县党政正职在攻坚期内保持稳定,形成五级书记抓扶贫、全党动员促攻坚的局面。

党中央、国务院和国家机关负责工作统筹。党中央、国务院主要负责脱贫攻坚的重大政策的制定,颁布重大政策措施,完善制度和机制,规划重大工程项目。国务院扶贫开发领导小组负责脱贫攻坚的综合协调,包括扶贫成效考核、督查巡查、贫困县退出等工作机制,评估省委省政府扶贫开发工作,建立精准脱贫大数据平台,实现信息共享,完善农村贫困统计监测体系。有关中央和国家机关按照职责,运用行业资源落实脱贫攻坚责任,按照《贯彻实施〈中共中央、国务院关于打赢脱贫攻坚战的决定〉重要政策措施分工方案》的要求制定相关政策并实施。中央纪委机关进行监督执纪问责,最高人民检察院对扶贫领域职务犯罪进行预防和整治,审计署对政策落实和资金重点项目进行跟踪审计。

省委、省政府全面负责辖区内的扶贫工作,并确保责任层层落实。全面贯彻党中央、国务院的大政方针和决策,并结合本地区实际情况组织具体实施。根据脱贫设定目标、制定省级脱贫攻坚总体规划和年度计划,并按计划实施。省级党委和政府主要负责人向中央签署脱贫责任书,并每年汇报脱贫进展情况。省级党委和政府负责调整财政支出结构,建立扶贫资金增长机制,明确投融资主体,确保扶贫投入力度与脱贫攻坚任务相适应;统筹使用扶贫协作、对口支援、定点扶贫等资源,动员社会力量参与扶贫。加强对扶贫资金分配使用、项目实施管理的检查监督和审计,纠正和处理扶贫过程中出现的违纪违规问题。在此过程中，还须加强对贫困县的管理，组织落实贫困县考核机制、约束机制、退出机制；确保贫困县党政正职稳定，在目标设定、项目下达、资金投入、组织动员、监督评估等方面做好工作，确保辖区内的所有贫困人口脱贫，所有贫困县如期摘帽。

市县级党委和政府承担脱贫攻坚主体责任，落实省级党委和政府的政策。市级党委和政府监督辖区内跨县扶贫项目的落实、资金使用和管理，督促脱贫目标任务的完成。县级党委和政府负责制定实施规划，优化资源要素配置，指导乡、村实施贫困村、贫困人口建档立卡和退出工作，因地制宜地制定乡、村精准扶贫的指导意见并监督实施，确保贫困县退出的真实性和有效性。在此过程中充分调动贫困群众的主动性和创造性，把脱贫攻坚政策落实到村到户到人，并强化贫困村基层党组织建设，选优配强和稳定基层干部队伍。县级政府建立扶贫项目库，整合财政涉农资金，建立健全扶贫资金项目信息公开制度，负责扶贫资金的监督和管理。

县委书记和县长作为第一责任人，统筹精准识别、进度安排、项目实施、资金使用、人力部署和实施等工作。脱贫攻坚时期，贫困县的党政领导要保持稳定，确保贫困县党政工作的连续性。引导贫困县党政领导建立正确的政绩观，促进贫困县发展方式的转变。根据《关于改进贫困县党政领导班子和领导干部经济社会发展实绩考核工作的意见》，对县级干部的评估是基于贫困县的经济和社会发展事实。它不仅评估经济增长率，而且侧重于评估与减贫和扶贫密切相关的民生改善和社会发展。

在脱贫攻坚战中，分门别类对相关责任人和单位予以问责,建立健全谁决策谁负责的问责体系。问责体系的建立充分激发了各级领导的责任心,既确保脱贫攻坚国家重大政策落到实处,又提高了各级领导执政能力,特别是基层治理能力。在责任制度的影响下,脱贫攻坚成为农村工作的重要抓手。

(三)脱贫攻坚的各方力量

脱贫攻坚战是一场持久战,涉及的人口众多、区域众多、领域众多,并不是某些人某个地方某个领域的事情,也不是靠政府或者贫困群众自身的力量就可以完成,而是在坚持发挥政府主导作用的前提下,调动各方积极因素,凝聚全社会各方面的力量,整合各类企业、社会组织以及个人。在产业发展、教育扶贫、健康扶贫等领域,鼓励企事业单位、社会组织等部门的积极参与,使其成为脱贫攻坚的重要力量。

1. 东西部扶贫协作和对口支援

减贫合作是党中央、国务院的一项重大战略部署,目的是帮助贫困地区加快经济社会发展,逐步缩小社会发展差距。1996年,党中央、国务院做出开展东西扶贫协作的重大决策,确定北京、上海、天津、辽宁、山东、江苏、浙江、福建、广东、大连、青岛、宁波、深圳等9个东部省市和4个计划单列市与西部10个省份开展扶贫协作。2016年12月出台的《关于进一步加强东西部扶贫协作工作的指导意见》对扶贫协作进行了调整,完善了结对关系,对西部贫困程度深的,加大帮扶力度,实现对30个少数民族自治州的全覆盖,从东部经济下行压力角度,适当调减自身帮扶任务较重省份的任务。加强了云南、四川、甘肃、青海等省重点贫困市(州)的帮扶力量,调整了辽宁、上海、天津的帮扶任务。调整后,东部9省市帮扶中西部

14个省份，全国支援西藏和新疆，东部343个经济发达县（市、区）与中西部573个贫困县开展携手奔小康行动。

东西部地区通过产业合作、劳务协作、人才支援、资金支持和动员社会参与等模式来实现帮扶。帮扶双方把东西部产业合作、优势互补作为主要考虑，实施发展项目。基于资源禀赋和产业基础，吸引企业到贫困地区投资，建设贫困人口参与度高的特色产业基地，培育带动贫困户发展产业的合作组织和龙头企业，引进能够提供更多就业岗位的劳动密集型企业、文化旅游企业等，促进产业发展带动脱贫，并发挥科技创新在增强西部地区自我发展能力中的重要作用；帮扶双方建立和完善劳务输出精准对接机制，提高劳务输出脱贫的组织化程度。西部地区摸清底数，因人因需提供就业服务，与东部地区开展有组织的劳务对接，多渠道开发就业岗位，支持贫困人口在家乡就地就近就业，开展职业教育东西协作行动计划和技能脱贫"千校行动"，积极组织引导贫困家庭子女到东部省份的职业院校、技工学校接受职业教育和职业培训，提高稳定就业的概率；帮扶双方选派优秀干部挂职，开展人才交流，促进观念互通、思路互动、技术互学、作风互鉴。采取双向挂职、两地培训、委托培养和组团式支教、支医、支农等方式，加大教育、卫生、科技、文化、社会工作等领域的人才支持，把东部地区的先进理念、人才、技术、信息、经验等要素传播到西部地区。加大政策激励力度，鼓励各类人才扎根西部贫困地区建功立业。帮扶省市选派到被帮扶地区的挂职干部要把主要精力放到脱贫攻坚上，挂职期限原则上为两年到三年；东部省份根据财力增长情况，逐步增加扶贫协作和对口支援财政投入，并列入年度预算。西部地区要以扶贫规划为引领，整合扶贫协作和对口支援资金，聚焦脱贫攻坚，形成脱贫合力。要切实加强资金监管，提高使用效益；帮扶省市动员行政区域内民营企业、社会组织、公民个人积极参与东西部扶贫协作和对口支援。充分利用全国扶贫日和中国社会扶贫网等，组织社会各界到西部地区开展捐资助学、慈善公益医疗救助、支医支教、社会工作和志愿服务等扶贫活动。实施社会工作专业人才服务贫困地区计划和扶贫志愿者行动计划，支持东部地区社会工作机构、志愿服务组织、社会工作者和志愿者结对帮扶西部贫困地区，为西部地区提供专业人才和服务保障。注重发挥军队和武警部队在西部贫困地区脱贫攻坚中的优势和积极作用，因地制宜做好帮扶工作。积极组织民营企业参与"万企帮万村"精准扶贫行动，与被帮扶地区贫困村开展结对帮扶。

省内对口帮扶是省级版本的"东西扶贫协作"，省内先富的地区、省直机关等单位或个人对贫困地区进行对口帮扶，帮助当地贫困人口脱贫致富。省内对口帮扶还有另一种形式，即省内各级机关、省直单位的领导干部驻村帮扶。如江西省在《关于全力打好精准扶贫攻坚战的决定》中提及，省级领导定点指导一个贫困县，联系一个贫困村，结对帮扶几个贫困户，各级部门要选派干部组成工作队驻村扶贫，确保对贫困村全覆盖，同时组织广大党员干部结对帮扶，为每个贫困户落实帮扶责任人。

东西部扶贫协作和对口支援是推动区域协调发展、协同发展、共同发展的大战略，是强化区域合作、优化产业布局、拓展对内对外开放新空间的大布局，是打赢脱贫攻坚战、实现先富帮后富、最终实现共同富裕目标的重大举措。

案例 6-3　拓展东西扶贫协作　开启"网红"直播经济

重庆市奉节县在东西部协作对口单位——山东省滨州市大力支持下，整合利用东西扶贫协作项目资源，推动传统农村电商向"直播带货"转型升级，全面开拓消费扶贫新路子。

1. 多层次打造"网红"直播IP

一是"线上"多平台合作。积极对接淘宝、京东等12家平台，联合拼多多、云集等社交电商，实施百名本土村播计划。二是"线下"多维度布局。通过东西部协作项目资源支持，建设"山东滨州－重庆奉节电商扶贫孵化培训基地"，成立奉节县网络扶贫直播服务中心。三是"货源"多渠道把关。整合工作力量，严格把控产品质量，确保直播商品来源正规、溯源可查、质量上乘。

2. 多模式开展"网红"直播带货

一是扶贫干部倾力代言。实施市、县、乡镇三级扶贫干部连线直播促销行动，东西协作单位等帮扶单位与奉节县本土村播同步跟播，销售推广奉节农特产品。二是百名网红打卡景区助力旅游。开展"百名网红直播乡村旅游暨消费扶贫季"活动，通过手机视频直播立体式展示奉节县美景、美食和民俗文化，带动广大网友宣传农特产品。

3. 多维度孵化"网红"直播人才

一是筛选"可塑性苗子"。组织开展奉节县电商主播直播大赛，寻找奉节县有人气、有特色、有影响力的线上明星，纳入奉节县网红电商孵化计划。二是开展"专业性培训"。设立电商直播培训班和网红孵化培训班，引进网红机构，围绕峡江文化、诗城文化、三国文化、脐橙文化进行定制化特色化打造。

资料来源：重庆市奉节县。

2. 定点扶贫

中央政府的定点扶贫是指中央和国家机关、民主党和中华全国工商业联合会、人民组织、事业单位、大型国有重点企业、国家国有控股金融机构、国家重点科研机构、军队和武警部队等，根据中央统一部署，与国家扶贫开发重点县开展配对援助，给予优惠并在资金、材料、技术、人才、项目和信息方面为配对的县提供支持。定点援助的历史悠久，从1986年到现在，定点援助的主要任务是广泛宣传党和国家的农村工作政策，帮助贫困地区的干部群众更新观念，不断提高素质，采取有效措施，帮助解决温饱问题，尽快实现脱贫，重点提高贫困村和农村贫困人口的自我发展能力。坚持以发展为导向的扶贫开发，积极促进基础设施建设，提高基本服务能力，培育农业龙头产业，促进定点扶贫区经济社会协调发展。

定点扶贫是"五位一体"总体布局、"全面小康"的具体部署。根据贫困地区经济发展的目标和实际需要，参加定点扶贫的单位将根据当地情况制订援助计划，以贫困村贫困人口为工作目标，以扶贫工程为切入点，解决经济社会领域发展过程中的矛盾和问题，努力实现务实，谋求实效。在定点援助制度的框架下，无论是中央和地方的干部交流、研究调查、直接投资资金，还是人员培训或学生补贴，有针对性的扶贫体制创新对于确保圆满完成扶贫任务和实现全面建成小康社会目标具有重要意义。

2011年中共中央、国务院颁布的《中国农村扶贫开发纲要（2011—2020年）》更加强调定点扶贫工作。随后颁布《关于打赢脱贫攻坚战的决定》强调要健全定点扶贫机制，建立考核评价机制，确保各单位落实扶贫责任，完善牵头联系机制，按照分工督促指导各单位做好定点扶贫工作。这一阶段，参与定点扶贫的单位不断增加，覆盖范围不断扩大，实现了对国家扶贫开发工作重点县的全覆盖；建立了领导责任制，帮扶队伍不断扩大；帮扶力度不断加大，帮扶领域不断拓展，方法不断创新；帮扶机制不断完善。从党的十八大到2019年8月，中央和国家机关的定点扶贫单位选派挂职干部和驻村第一书记1 727名，投入和引进帮扶资金713.7亿元，助力89个县脱贫摘帽，1.9万个村脱贫出列，1 300万贫困人口脱贫，为打赢脱贫攻坚战提供了重大支持。

定点扶贫单位在工作过程中，始终坚持将单位优势与贫困地区相结合、定点扶贫与扶智（志）相结合、定点扶贫与加强基层党组织建设相结合、定点扶贫与党政干部培养相结合。

案例6-4 招商局集团威宁健康扶贫实践

2003年，招商局集团接受了贵州省威宁县的定点扶贫工作，在帮扶过程中招商局集团聚焦威宁县医疗短板重点发力，为威宁县铺设了一条以贫困群众为中心的"健康之路"。

1. 瞄准贫困人口迫切需求，深入一线调研评估

招商局集团根据贫困人口的医疗需求，多次深入威宁

一线调研，发现咸宁全县600余所村卫生室存在早期资金投入少、条件差等问题，半数以上的村卫生室已为危房或由于其他原因无法使用。

2.形成"试点－优化－全覆盖"思路，标准化建设村卫生室

首先，招商局集团践行"试点先行"，在两个偏远乡村建设村卫生室。其次，从村卫生室的实用性着手，不定期收集村医、群众等村卫生室使用者的反馈意见，并针对意见进行优化改进，不断完善对村卫生室的功能设计。最后，结合咸宁县阶段性需求，全面实现咸宁县村卫生室全覆盖，并及时进行全面排查，查漏补缺，不断补齐基层医疗短板。

3.推动政府落实主体责任，健全三级医疗体系

在推动项目建设过程中，招商局集团注重项目管理和优化。一是集团各级领导多次赴咸宁调研指导项目建设，并指定团队定期赴咸宁指导优化项目设计、规范项目管理，使项目顺利落地实施，确保成效。二是推动咸宁县成立幸福乡村卫生室项目领导小组统筹协调整体工作。三是推动咸宁县卫健局成立项目办，负责项目的具体实施、优化和现场监督检查等具体工作。

资料来源：招商局集团。

3. 社会扶贫

社会扶贫指民营企业、社会组织和社会公众积极履行社会责任，利用自身资源为贫困地区开展一系列扶贫活动，主动支

持和参与脱贫攻坚。

民营企业参与扶贫工作始于《国家八七扶贫攻坚计划》。民营企业家们将扶贫行动命名为"光彩事业"。后在精准扶贫攻坚战中，民营企业投入大量财力、人力和物力，形成系统参与解决社会问题的机制和行动。民营企业在资金、市场、技术方面具有较大优势，可以通过发展农村主导产业、开展村企合作、提供就业岗位、提供金融支持、完善市场渠道、提供能力培训等多种方式助力贫困地区经济发展和贫困群众脱贫致富；通过民营资本与贫困地区产业扶贫、专项扶贫相结合，通过资源开发、产业培养、市场开拓、技能培训、吸纳就业、捐资助贫等方式，发挥辐射和带动作用。具有代表性的精准扶贫范例就是"万企帮万村"。

"万企帮万村"是由国务院扶贫办、全国工商联、中国光彩会联合组织民营企业开展的精准扶贫活动。自2015年10月开始，该活动得到全国31个省（区、市）政府的积极响应，引导不同规模、不同经济领域的民营企业参与"万企帮万村"精准扶贫行动。到2019年12月底，已经取得显著的阶段性成效，进入"万企帮万村"精准扶贫行动台账管理的民营企业共计9.99万家，精准帮扶11.66万个村（其中建档立卡贫困村6.56万个），产业投入819.57亿元，公益投入149.22亿元，安置就业73.66万人，技能培训111.33万人，共带动和惠及1 434.42万建档立卡贫困人口。

"万企帮万村"是政府主导下民营企业参与精准扶贫的新实践，使民营企业发挥自身优势参与精准扶贫。在扶贫大框架下，民营企业参与扶贫的方式突破最初简单的捐钱、捐物，而更好地融入政府的扶贫大格局中。在发挥作用的过程中，民营企业基于自身发展的实力水平和自身行业的特点,通过多种途径和方式参与到精准扶贫中,参与扶贫的活动内容也比较众多,包括教育、卫生、基础设施、农业、工业等与民生相关的行业和领域,参与精准扶贫的主要形式包括产业扶贫、金融扶贫、旅游扶贫和易地搬迁扶贫。民营企业凭借充分的市场嗅觉和灵敏度,洞悉微观层面高效的资源配置方法,以此来降低交易成本。

除了民营企业广泛参与扶贫外,社会组织也是扶贫的重要力量。社会组织指介于政府和企业之间的、在民政部门登记注册的或者期望获得民政部门登记注册的、不以营利为目的的组织机构,包括各类社会团体、民办非企业单位、基金会等组织形式。社会组织是社会主义现代化建设的重要力量,是衔接社会资源与贫困地区精准匹配的桥梁纽带,是动员社会力量参与脱贫攻坚的重要载体,是构建"政府-市场-社会"大扶贫格局的重要组成部分。首先,社会组织的技术和人员能够有效解决贫困群众智力方面的不足问题;其次,贫困地区可以为社会组织提供新的发展领域,实现双赢的格局,减少政府的行政指导风险,提高扶贫效率。社会组织参与扶贫的领域主要包括就业、产业、教育、医疗、搬迁和生态扶贫;参与扶贫的方式包括扶贫志愿行动项目、打造扶贫公益品牌项目,引导社会各方资源向贫困地区聚集、构建信息服务平台项目,推动扶贫资源供给与扶贫需求有效对接、购买公共服务项目,引导社会组织依照政府意愿、社会需求开展活动。

由于其特殊的定位,社会组织可以与政府和贫困人口建立联系,同时也可以与市场和社会关爱力量建立联系。它们可以在整合政府、市场和社会力量并促进贫困人口收入增长方面发挥独特作用。以中国扶贫基金会为例,它是中国扶贫领域规模最大、影响力最大的公益组织之一。中国扶贫基金会成立于1989年,是在民政部注册、由国务院指导的国家扶贫慈善机构。

开展扶贫志愿行动,主要是指青年学生、专业技术人才、退休人员等社会各界人士以志愿者身份参与扶贫活动。形式主要包括支医支教、文化下乡、科技推广、帮扶就业、创业引领等扶贫志愿活动,帮助和带动贫困村、贫困户脱贫致富。不同于筹资、募捐等形式,开展扶贫志愿行动是对社会个人人力资源的挖掘。政府通过构建贫困地区扶贫志愿者组织和服务网络,为扶贫志愿者与贫困人口的对接提供更多便利。开展扶贫志愿活动是各省份动员社会个人参与农村扶贫的常用形式,如新疆维吾尔自治区在《关于进一步动员社会各方面力量参与扶贫开发的实施意见》中鼓励和支持青年学生、专业技术人才、退休人员和社会各界人士到贫困地区开展扶贫志愿活动,建立扶贫志愿者组织,构建贫困地区志愿者服务网络。组织和支持各类志愿者参与贫困识别、扶贫调研、助教支医、文化下乡、科技推广、创业引领等扶贫活动。

各级党委和政府大力弘扬社会主义核心价值观,积极倡导"我为人人,人人为我"的全民公益理念,大兴友善互助、守望相助的社会风尚,开展丰富多样的体验走访等社会实践活动,畅通社会各阶层交流、互帮互助的渠道。创新完善人人皆愿为、人人皆可为、人人皆能为的社会扶贫参与机制。

四、扶持效果谁说了算

精准脱贫,是实施精准扶贫、精准脱贫基本方略的最终目的。习近平总书记指出:"精准扶贫是为了精准脱贫。要设定时间表,实现有序退出,既要防止拖延病,又要防止急躁症。要留出缓冲期,在一定时间内实行摘帽不摘政策。要实行严格评估,按照摘帽标准验收。要实行逐户销号,做到脱贫到人,脱没脱贫要同群众一起算账,要群众认账。"[1] 为切实提高扶贫工作的针对性、有效性,更好地解决"如何退"的问题,2016年4月,中共中央、国务院印发了《关于建立贫困退出机制的意见》(简称《意见》),明确了贫困人口、贫困村、贫困县退出的标准与程序,并要求各地区各部门坚持实事求是的基本原则,以脱贫实效为依据,以群众认可为标准,建立严格、规范、透明的贫困退出机制,促进贫困人口、贫困村、贫困县在2020年以前的有序退出,确保如期实现脱贫攻坚目标。

(一) 贫困人口脱贫标准与程序

贫困人口脱贫标准与建档立卡户的识别标准基本一致。《意见》指出,贫困人口脱贫退出应以户为单位,主要衡量标准是该户年人均纯收入稳定超过国家扶贫标准且吃穿不愁,义务教育、基本医疗、住房安全有保障。但在实践中,很多地方简单以收入为衡量贫困人口脱贫退出的标准,忽视"两不愁三保障"等内容,将问题简单化,偏离脱贫标准。实际上,考虑到收入核查的准确性受各种因素影响,中央反复强调,贫困人口脱贫要弱化人均纯收入标准,主要看贫困户是否稳定实现"两不愁三保障"。简单以收入为脱贫标准,容易造成一"兜"了事的问题,严重违背精准扶贫、精准脱贫原则。

贫困人口脱贫严格按照"民主评议、调查核实、公示公告、备案销号"的程序进行。贫困户脱贫名单由村两委组织民

---

[1] 习近平. 习近平谈治国理政: 第2卷. 北京: 外文出版社, 2017: 85.

主评议后提出，经村两委和驻村工作队调查核实、拟退出贫困户认可，在村内公示无异议后，上报乡镇党委、政府审核，再次公示无异议后公告退出，并上报县级扶贫开发领导小组备案，由县级扶贫开发领导小组办公室在建档立卡贫困人口信息系统中销号，但脱贫不脱政策，脱贫户在一定时期内可继续享受相关政策。

（二）贫困村出列标准与程序

《意见》中指出，贫困村退出以贫困发生率为主要衡量标准，统筹考虑村内基础设施、基本公共服务、产业发展、集体经济收入等综合因素。原则上贫困村贫困发生率降至2%以下（西部地区降至3%以下），由贫困村向所在乡镇党委、政府提交申请，乡镇党委、政府组织入村调查核实，确定贫困村出列名单后在乡镇内公示，公示无异议的，上报县级扶贫开发领导小组，由县级扶贫开发领导小组进行核查，对符合出列条件的贫困村，向社会公告退出。

实践中，贫困村出列程序落实方面存在问题较少，各贫困村能够按照程序要求规范操作，但在贫困村出列标准执行方面，部分贫困村存在出列基础薄弱问题，在产业发展不足、缺乏集体经济收入甚至基础设施不完善等情况下脱贫退出，不符合贫困村出列标准。此外，也有贫困村盲目提高出列标准，如将扶贫资金用于高标准的新农村建设，做形象工程等，造成扶贫资金的浪费，没有做到"扶真贫，真脱贫"。

（三）贫困县摘帽标准与程序

当前，贫困县包括592个国家扶贫开发工作重点县和680个集中连片特困区县，剔除二者重合部分的440个县，全国共计832个贫困县。关于贫困县精准退出标准与程序问题，《意见》中指出，贫困县退出以贫困发生率为主要衡量标准。原则上贫困县贫困发生率降至2%以下（西部地区降至3%以下），由县级扶贫开发领导小组提出退出，市级扶贫开发领导小组初审，省级扶贫开发领导小组核查，确定退出名单后向社会公示征求意见。公示无异议的，由各省（区、市）扶贫开发领导小组审定后向国务院扶贫开发领导小组报告。国务院扶贫开发领导小组组织中央和国家机关有关部门及相关力量对地方退出情况进行专项评估检查。对不符合条件或未完整履行退出程序的，责成相关地方进行核查处理。对符合退出条件的贫困县，由省级政府正式批准退出。但中央指出，贫困县摘帽后，仍要做好贫困县退出后的继续帮扶、监管和巩固提升工作，做到"四不摘"，即摘帽不摘责任、摘帽不摘政策、摘帽不摘帮扶、摘帽不摘监管，督促已退出贫困县继续把脱贫攻坚放到重要位置来抓，保持国家原有扶贫政策不变，确保脱贫退出的稳定和可持续性，经得起历史检验。由于摘帽不摘政策，在精准扶贫的早期，一些省份在脱贫摘帽的时间压力下，从省到市再到县，脱贫进度层层加码，争取越早摘帽越好，既能突出政绩，又不会失去政策支持。这一做法严重违背精准脱贫原则，重速度轻质量，不尊重客观事实，存在虚假脱贫、数字脱贫可能。习近平总书记多次强调，"脱贫计划不能脱离实际随意提前"。精准退出工作应根据各地实际情况，按部就班、扎实推进，保质保量按时完成贫困县摘帽任务。

2016—2017年，全国共有153个贫困县提出退出申请，在经过县级提出、市级初审和省级核查公示审定等程序后，由中央统一对退出情况进行专项评估检查。2016年和2017年退出的贫困县，主要评估检查4项指标，分别为贫困发生率必须低于2%（西部地区低于3%）、脱贫人口错退率必须低于2%、贫困人口漏评率低于2%和群众认可度高于90%，任何一项指标不符合条件的，不予退出。2016年和2017年通过国家专项评估检查的153个贫困县均符合退出条件，由省级政府正式批准退出。自1986年国家设定贫困县以来，我国历史上第一次实现贫困县数量的净减少。2020年底，所有832个贫困县经过严格的考核评估，顺利摘帽。

参考文献

[1] 国务院办公厅.关于进一步动员社会各方面力量参与扶贫开发的意见.中国政府网，2014-12-04.

[2] 刘永富.全力打好精准扶贫攻坚战.新湘评论，2015（19）.

[3] 习近平.在深度贫困地区脱贫攻坚座谈会上的讲话.党建，2017（9）.

[4] 中办国办：出台关于建立贫困退出机制政策.中国老区建设，2016（7）.

[5] 中办国办发文要求加强贫困村驻村工作队选派管理工作.公务员文萃，2018（2）.

[6] 中共中央国务院关于打赢脱贫攻坚战的决定.老区建设，2016（23）.

[7] 中国农村扶贫开发纲要（2011—2020年）.北京：人民出版社，2011.

第七章

中国减贫的全球贡献

一、世界贫困人口的变化

贫困是全人类共同面临的重大难题。从世界贫困人口总量来看，按照每人每天1.9美元标准计算，1990—2012年，全球贫困人口从19.58亿减至8.97亿，累计减贫10.61亿，减少了54.19%，全球贫困发生率从37.1%降至12.7%，减贫成效显著。

从全球五大贫困人口分布地区来看，减贫速度最快的是东亚和太平洋地区，贫困人口从1990年的9.96亿减至2012年的1.47亿，贫困发生率从60.6%降至7.2%，对全球减贫事业做出了巨大贡献。2012年的数据显示，全球贫困人口最为集中的是撒哈拉以南非洲地区和南亚地区，两地区的贫困发生率较高，分别为42.7%和18.8%，贫困人口占全球贫困人口的78%。南亚地区基本完成贫困人口减半的千年发展目标，贫困人口从1999年的5.68亿减至2012年的3.09亿，贫困发生率从41.8%降至18.8%。相比较而言，撒哈拉以南非洲地区贫困情况较为严重，贫困人口不但没有减少，反而从1990年的

2.88 亿增至 3.89 亿，增加了约 1.01 亿（见表 7-1）。

表 7-1　全球贫困人口地区分布情况

年份	1990	1999	2011	2012
贫困发生率（%）				
东亚和太平洋地区	60.6	37.5	8.5	7.2
欧洲和中亚地区	1.9	7.8	2.4	2.1
拉丁美洲和加勒比地区	17.8	13.9	5.9	5.6
南亚地区	50.6	41.8	22.2	18.8
撒哈拉以南非洲地区	56.8	58	44.4	42.7
世界	37.1	29.1	14.1	12.7
贫困人口（万）				
东亚和太平洋地区	99 550	68 940	17 310	14 720
欧洲和中亚地区	880	3 680	1 140	1 010
拉丁美洲和加勒比地区	7 820	7 110	3 530	3 370
南亚地区	57 460	56 800	36 170	30 920
撒哈拉以南非洲地区	28 760	37 460	39 360	38 880
世界	195 860	175 150	98 330	89 670

资料来源：世界银行，*Global Mounting Report 2015*。

从贫困人口规模角度分析，2010—2012 年全球贫困人口最多的 10 个国家分别是印度、中国、孟加拉国、刚果（金）、埃塞俄比亚、坦桑尼亚、马达加斯加、菲律宾、卢甘达、马拉维。这 10 个国家的贫困人口超过 5.7 亿，约占这一时期全球贫困人口的 63%，是世界减贫事业推动的深水区。从贫困发生率角度分析，贫困发生率最高的 10 个国家是马达加斯加、布隆迪、刚果（金）、马拉维、利比里亚、几内亚比绍、中非、赞比亚、卢旺达、莱索托，除莱索托外，贫困发生率均超过 60%，其中马达加斯加贫困发生率高达 81.76%（见表 7-2）。

表 7-2　全球贫困人口和贫困发生率前十的国家（2010—2012 年）

位次	贫困人口规模（万）		贫困发生率（%）	
1	印度	25 952	马达加斯加	81.76
2	中国	8 734	布隆迪	77.65
3	孟加拉国	6 618	刚果（金）	77.18
4	刚果（金）	5 425	马拉维	70.91
5	埃塞俄比亚	2 937	利比里亚	68.64
6	坦桑尼亚	2 196	几内亚比绍	67.08
7	马达加斯加	1 723	中非	66.27
8	菲律宾	1 259	赞比亚	64.43
9	卢甘达	1 177	卢旺达	60.25
10	马拉维	1 047	莱索托	59.65

资料来源：世界银行 WDI 数据库。

二、中国的减贫对世界减贫的贡献有多大

中国的大规模减贫，不仅使得本国 7 亿多人口摆脱贫困，逐步走向小康，也为全球减贫事业做出了巨大贡献。按照每人每天 1.9 美元标准计算，自 1981 年以来，全球范围内贫困人口由 19.97 亿下降到 2012 年的 8.97 亿，贫困人口减少了约 11 亿。其中，中国的贫困人口从 8.78 亿下降到 0.87 亿，减少了约 7.9 亿，占全球同期减贫人口的 71.8%。这意味着，1981—2012 年，全球范围内每 100 个脱贫者中就有近 72 人来自中国，中国对世界的减贫贡献率超过了 70%。1981 年，全球贫困发生率为 44.3%，同期中国贫困发生率高达 88.3%，是世界水平的近两倍。随着中国经济的发展和大规模扶贫开发工作的开

展，贫困发生率迅速下降，到 2012 年，中国的贫困发生率降到 6.5%，比 1981 年降低了 81.8 个百分点，同期，世界范围内的贫困发生率为 12.7%，约为中国的 2 倍（见表 7-3）。

表 7-3　全球和中国贫困人口及贫困发生率对比情况

年份	全球 每人每天 1.9 美元 贫困人口（万）	全球 每人每天 1.9 美元 贫困发生率（%）	中国 每人每天 1.9 美元 贫困人口（万）	中国 每人每天 1.9 美元 贫困发生率（%）
1981	199 728	44.3	87 780	88.3
1990	195 857	37.1	75 581	66.6
1999	175 145	29.1	50 786	40.5
2002	164 960		40 910	
2005	140 640		24 440	
2008	126 040		19 410	
2010	111 975	16.3	14 956	11.2
2011	98 333	14.1	10 644	7.9
2012	89 670	12.7	8 734	6.5

资料来源：世界银行，《贫困与共享繁荣 2018：拼出贫困的拼图》。

（一）对联合国千年发展目标的贡献

2000 年 9 月，世界各国领导人在联合国千年首脑会议上制定了以消除贫穷、饥饿、疾病、文盲、环境恶化和对妇女的歧视为核心的联合国千年发展目标。千年发展目标分八个子目标，具体为消灭极端贫穷和饥饿，普及初等教育，促进两性平等并赋予妇女权力，降低儿童死亡率，改善产妇保健，与艾滋病、疟疾和其他疾病做斗争，确保环境的可持续能力，以及制订促进发展的全球伙伴关系。千年发展目标的制定和提出，反映了当时全球发展矛盾日益突出的现实状况，也是全球将近 190 个国家为解决均衡发展问题而达成的罕见共识。虽然千年发展目标更侧重于发展中国家，但是要求发达国家通过减免债务、提供援助等形式帮助发展中国家实现各项目标，因此千年发展目标实质上也成为2015年之前全球发展的共同目标。

从联合国千年发展目标规定的八个方面的子目标来看，中国已经实现了千年发展目标的大部分子目标。从与扶贫工作直接相关的消灭极端贫穷和饥饿、普及初等教育、降低儿童死亡率、改善产妇保健等指标来看，中国均已基本或完全实现了各项指标要求（见表7-4）。

表7-4 中国完成联合国千年发展目标的七个子目标情况

七个子目标	具体指标	中国指标完成情况
消灭极端贫穷和饥饿	1. 1990—2015年，将每日收入低于1.25美元的人口比例减半	已经实现
	2. 所有人包括妇女和青年人都充分就业和享有体面的工作	基本实现
	3. 1990—2015年，挨饿人口比例减半	已经实现
普及初等教育	确保到2015年，儿童不论男女，都能上完小学全部课程	已经实现
促进两性平等并赋予妇女权力	争取到2005年消除小学教育和中学教育中的两性差距，最迟于2015年在各级教育中消除此种差距	已经实现
降低儿童死亡率	1990—2015年，将5岁以下儿童死亡率降低2/3	已经实现
改善产妇保健	1. 1990—2015年，产妇死亡率降低3/4	已经实现
	2. 到2015年实现普遍享有生殖保健	基本实现
与艾滋病、疟疾和其他疾病做斗争	1. 到2015年遏制并开始扭转艾滋病毒/艾滋病的蔓延	基本实现
	2. 到2010年向所有需要者普遍提供艾滋病治疗	基本实现
	3. 到2015年遏制并开始扭转疟疾和其他主要疾病的发病率	基本实现

续表

七个子目标	具体指标	中国指标完成情况
确保环境的可持续能力	1. 将可持续发展原则纳入国家政策和方案，并扭转环境资源的损失	基本实现
	2. 减少生物多样性的丧失，到2010年显著降低丧失率	没有实现
	3. 到2015年将无法持续获得安全饮用水和基本卫生设施的人口比例减半	已经实现
	4. 到2020年约1亿棚户区居民的生活明显改善	很有可能

资料来源：《中国实施千年发展目标报告（2000—2015年）》。

在消灭极端贫穷和饥饿方面，中国的贫困人口从1990年的6.89亿减少到2011年的2.5亿，贫困人口比例下降幅度超过一半的目标已提前4年实现。同时，同期全球贫困人口累计减少近10亿人，中国占相当大的比例。在改善营养、消除饥饿方面，中国2012—2014年营养不良人口比1990—1992年减少了1.38亿，营养不良人口比例降幅达到55.6%，也超过了千年发展目标中规定的一半降幅。

在普及初等教育方面，九年制义务教育是中国阻断贫困代际传递、普及初等教育的重要制度保障，为千年发展目标的实现提供了强大推力。2014年，中国小学学龄儿童净入学率为99.8%，基本实现小学教育全覆盖，人口文盲率从2000年的6.7%下降为2014年的4.1%，文盲现象进一步减少。实现男女受教育平等方面，中国男女受教育年限差距逐步缩小。数据显示，男女受教育年限差距从2000年的1.3年缩小至2014年的0.8年。无论是小学学龄的儿童净入学率还是男女的受教育年限差距，中国都明显领先于发展中地区的平均水平，为全球实现普及初等教育的千年发展目标打下坚实基础。

在促进两性平等并赋予妇女权力方面,一方面中国在中小学教育中已经实现性别平等。2014年普通小学教育阶段女生占比为46.26%,普通中学教育阶段女生占比为47.84%,中小学女生的占比与适龄人口中女生占比情况一致。另一方面,中国全面保障妇女的参政议政权。全国人大代表、政协委员和中国共产党代表大会中的女性比例稳步提高。2013年数据显示,基层村民委员会与村党支部的女性成员比例已达到93.6%,有些省市已经实现全面覆盖。保障受教育权和参政议政权的性别平等,为保障女性贫困人口基本权利提供了切实保障。

在降低儿童死亡率方面,中国在1991—2015年婴儿死亡率从5.02%下降至0.81%,5岁以下儿童死亡率从6.1%下降至1.07%,降幅均超过80%。全球的婴儿死亡率从1990年的9%降低为2015年的4.3%。与全球平均水平相比,中国儿童死亡率降幅水平均大幅领先,尤其为保障贫困家庭婴儿和儿童生存打下坚实基础,是世界实现降低儿童死亡率目标的主要力量。

在改善产妇保健方面,从全球范围看,孕产妇死亡率从1990年的38‰下降为2013年的21‰,降幅约为44.7%,未能达到千年发展目标规定的3/4要求。而中国孕产妇死亡率从1990年的8.88‰下降为2015年的2.01‰,下降幅度约为77.4%,超额完成了既定目标。同时,中国农村和城市的孕产妇死亡率之比从1991年的2.2下降为2013年底的1.1,说明城乡产妇保健能力差距现在已不复存在,城乡基本实现了同等的产妇医疗保健水平,为保障农村女性贫困人口健康打下坚实基础。中国在产妇医疗保健水平方面为世界做出了重要贡献。

在与艾滋病、疟疾和其他疾病做斗争方面,在中国政府干预政策下,艾滋病发病率快速上涨的势头得到了遏制。2015年,艾滋病死亡率下降到0.94‰。在疟疾方面,中国已经基本解决了疟疾问题,发病人数从20世纪90年代初的每年10万下降为2015年的3 000左右,且90%以上为国外的输入型案例。整体来看,在全球疾病的防治方面,中国已经取得了明显成效,疟疾等疾病问题已经基本解决,为世界防控疟疾等疾病做出了应有贡献,但在艾滋病方面的防控需要进一步加强。

在确保环境的可持续能力方面,世界卫生组织和联合国儿童基金会发布的数据显示,2012年的中国城镇和农村获得安全饮水的人口比例已达到98%和85%,人口安全饮水保障水平大幅提升。在基本卫生设施方面,以厕所为例,无论是城市的公共厕所建设还是农村家庭卫生厕所的推广,现在较20世纪90年代均取得了明显进步,农村卫生厕所的覆盖率从1993年的7.5%提高到2013年的74.1%,有效改善了农村卫生环境,尤其是农村贫困人口生产生存环境。但是中国在改善生物多样性方面的目标没有实现,受威胁的动植物比例仍然较高,需进一步加强对生物资源多样性的保护工作。

(二)联合国可持续发展目标的实现

2015年千年发展目标到期后,需要新的发展目标和章程引领未来一个时期内世界各国的发展进程。2015年9月,联合国发展峰会通过了《2030年可持续发展议程》,提出在2015年千年发展目标到期后到2030年之间世界各国的发展目标称为"可持续发展目标"(见表7-5)。中国自2014年开始实施精准扶贫战略,2020年打赢脱贫攻坚战后中国将实现贫困人口全部脱贫,全面消除绝对贫困,全面建成小康社会,提前10年实现联合国可持续发展中消除贫困的目标,为全球贫困治理提供公共产品，贡献中国经验。

表7-5 联合国可持续发展目标内容

	具体目标	目标内涵
可持续发展目标	1. 消除贫困	在世界各地消除一切形式的贫困
	2. 消除饥饿	消除饥饿，实现粮食安全、改善营养和促进可持续农业
	3. 良好健康与福祉	确保健康的生活方式、促进各年龄段人群的福祉
	4. 优质教育	确保包容、公平的优质教育，促进全民享有终身学习机会
	5. 性别平等	实现性别平等，为所有妇女、女童赋权
	6. 清洁饮水与卫生设施	人人享有清洁饮水及用水
	7. 廉价和清洁能源	确保人人获得可负担、可靠和可持续的现代能源
	8. 体面工作和经济增长	促进持久、包容、可持续的经济增长，实现充分和生产性就业，确保人人有体面工作
	9. 工业、创新和基础设施	建设有风险抵御能力的基础设施，促进包容的可持续工业，并推动创新
	10. 缩小差距	减少国家内部和国家之间的不平等
	11. 可持续城市和社区	建设包容、安全、有风险抵御能力和可持续的城市及人类居住环境
	12. 负责任的消费和生产	确保可持续消费和生产模式
	13. 气候行动	采取紧急行动应对气候变化及其影响
	14. 水下生物	保护和可持续利用海洋及海洋资源以促进可持续发展
	15. 陆地生物	保护、恢复和促进可持续利用陆地生态系统、可持续森林管理，防治荒漠化，制止和扭转土地退化现象，遏制生物多样性的丧失
	16. 和平、正义与强大机构	促进有利于可持续发展的和平和包容社会，为所有人提供诉诸司法的机会，在各层级建立有效、负责和包容的机构
	17. 促进目标实现的伙伴关系	加强执行手段、重振可持续发展全球伙伴关系

2015年11月，中共中央、国务院发布《关于打赢脱贫攻坚战的决定》，明确脱贫攻坚总体目标，提出"六个精准"总体要求，实施"五个一批"工程，完善脱贫攻坚制度体系，先后出台300多个政策文件，实行"中央统筹、省负总责、市县抓落实"工作机制，形成中央、省、市县投入的"三三制"格局，落实五级书记抓扶贫的责任压实机制，强化党政一把手负总责的领导责任制。经过努力，截至2020年底，中国农村贫困人口从2015年底的5 575万减至0[①]，贫困发生率从5.7%降至0（见图7-1），实现农村贫困人口全面脱贫。

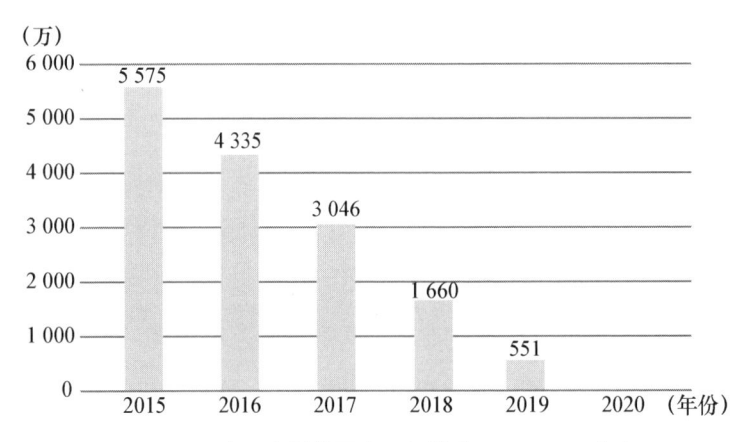

图7-1　中国农村贫困人口规模（2015—2020年）

资料来源：国家统计局。

中国贫困人口的脱贫标准是"一达标两不愁三保障"，其中"两不愁"便是"不愁吃不愁穿"。"不愁吃"不仅要求有安全可食用且吃得饱的主粮，还要求贫困人口能摄取足够的蛋白质。截至2020年，全国主要农产品质量安全例行监测合格率达到97.8%，人均粮食占有量超过474公斤。同时，中国政府

[①] 按照每人每年2 300元（2010年不变价）的农村贫困线标准计算，同时达到不愁吃不愁穿，住房安全、基本医疗、义务教育均有保障。

对于安全饮水、取水便利做出了相应严格的要求，各地开展安全饮水工程，大大提升农村集中供水率和自来水普及率，全面实现贫困人口安全饮水有保障。符合联合国可持续发展目标中对消除饥饿、改善营养和清洁饮水的相关目标。

良好的健康与福祉是实现可持续发展的必要内容。我国"一达标两不愁三保障"的脱贫标准中"三保障"之一就是基本医疗有保障，要求贫困人口必须有基本医疗保险和大病保险，同时通过家庭医生签约服务、建立慢性病卡制度等方式加强慢性病管理，减轻慢性病人医疗支出负担，确保贫困人口都看得起病。同时加强三级公共卫生服务体系建设，提高医疗公共服务可及度，确保贫困人口看得上病。

生态和环境是实现可持续发展的重要保障。可持续发展目标中廉价和清洁能源、气候行动、水下生物和陆地生物的保护、可持续的生产和消费等都与生态和环境保护有关。脱贫攻坚阶段，中国大力实施绿色减贫措施，通过产业绿色化和绿色产业化，促进贫困地区发展，实现贫困人口脱贫。实践过程中，中国各级政府秉承绿色发展新理念，加强农业产业融合，开展生态扶贫，创新旅游扶贫和观光农业新模式，建立利益联结新机制，促进贫困地区和贫困人口内生动力，实现可持续发展。这与联合国可持续发展目标中的生态和环境相关目标相契合。

保障教育是改善人民生活和实现可持续发展的重要内容。脱贫攻坚初期，中国虽然实现近100%的小学学龄儿童净入学率，但是部分深度贫困地区的教育普及率也较低，且存在辍学现象。实施精准扶贫以来，我国"一达标两不愁三保障"脱贫标准中"三保障"明确提出要实现义务教育有保障，即义务教育阶段除身体原因外不能辍学，针对部分厌学学生群体可以提前进行职业教育。中国政府从中央到地方将控辍保学作为教育扶贫的第一要务，落实"两免一补""三免一助""雨露计划"等补贴政策，加强农村教育基础设施和教师队伍建设，全面提高农村教育办学质量。截至 2020 年，国内义务教育阶段学校 21.08 万所，普通小学 15.08 万所，在校生 1.56 亿名，专职教师 1 029.49 万名。全面实现义务教育有保障。

建设具备风险抵御能力的基础设施、促进具有包容性的工业可持续发展、推动创新是联合国可持续发展目标之一。中国在脱贫攻坚期的一个重要目标是"基本公共服务主要指标接近全国平均水平"。该目标既包括基础设施的完善，也包括基本公共服务的均等化。脱贫攻坚以来，贫困地区所在自然村通公路的农户比重从 2015 年的 99.7% 上升至 2020 年的 100%，贫困地区所在自然村能接收有线电视信号的农户比重从 2015 年的 92.2% 上升至 2020 年的 99.9%，贫困地区所在自然村能通宽带的农户比重从 2015 年的 71.8% 上升至 2020 年的 99.6%，这与联合国可持续发展目标中对交通和信息技术等基础设施建设的目标相契合。

三、中国减贫模式对国际减贫的借鉴意义

中国的减贫模式是中国的，也是世界的。中国减贫的成功实践为其他发展中国家提供了一条解决本国贫困问题的新道路，提供了新模式、新样本、新经验。

一是开展减贫工作必须有系统的理论思想指导。减贫涉及面宽、覆盖面广，各个职能部门需要相互配合，不同区域的

贫困状况也有显著差异，这要求扶贫工作有系统的理论思想指导。中国的减贫工作发展至今，经过党和政府数十年的不懈努力，取得了显著成效，每个阶段都有切合当时国情的系统理论指导。以毛泽东同志为主要代表的中国共产党人坚持马克思主义为指导，以消除制度性贫困为化解问题的政治前提，以共同富裕为目标，把解决贫困和建设社会主义紧密相连。以邓小平同志为主要代表的中国共产党人确立了以经济建设为中心的发展思想，并坚持四项基本原则和改革开放的基本路线，探索先富带动后富的渐进式扶贫道路，形成了以体制改革为主导的减贫理论。以江泽民同志为主要代表的中国共产党人进一步提高政治占位，将扶贫减贫上升到政治高度，提出扶贫开发的发展理念，变救济式扶贫为开发式扶贫。以胡锦涛同志为主要代表的中国共产党人，提出"以人为本"的扶贫思路，重点强调坚持可持续发展，要求可持续发展在人和物两方面体现。进入新时代，扶贫实践对扶贫工作的精准性提出了新的要求，在这一时代背景下，以习近平同志为核心的党中央提出了精准扶贫这一新的扶贫理念和实践要求，系统回答了扶持谁、谁来扶、怎么扶等最为现实的扶贫问题，坚决打赢脱贫攻坚战，全面消除绝对贫困。中国的扶贫实践证明，系统的思想指导和完整的制度保障，是推进减贫扶贫工作的前提和基础。

二是减贫战略要随实践的变化而不断发展。不同国家的贫困特征、致贫原因各有不同，同一国家在不同时期的贫困状况也会发生变化，这要求减贫战略和减贫治理理论随着扶贫实践的变化而不断发展，以适应本国国情。中国从"一穷二白"发展成为世界第二大经济体，减贫工作经历了实践上的多阶段变化。中国减贫先后经历了"救济式"扶贫、"体制改革推动"扶贫、"区域性"扶贫瞄准到县、"整村推进"瞄准到村、精准扶贫瞄准到人等多个阶段,每个阶段的减贫战略都随实践的变化而不断发展。具体而言,"救济式"扶贫阶段重点开展"一化三改"运动,确立了社会主义制度,以救"急"救济为主要导向开展减贫工作;"体制改革推动"扶贫阶段以经济建设为中心,实行改革开放战略,通过先富带动后富的带贫减贫实践路径,扩大中国减贫成效,大大推进了中国减贫进程;"区域性"扶贫瞄准到县阶段,实行开发式扶贫战略,变"救济式"扶贫为"开发式"扶贫,激发内生动力,扶贫减贫瞄准到县,重点帮扶、支持贫困地区实现经济跨越式发展;"整村推进"瞄准到村阶段,以发展种养业为重点,以有利于改善生态环境为原则,注重经济发展与生态保护相结合,同时落实整村推进的扶贫策略,大力推进贫困地区发展,增强了贫困农民的主体意识,激发群众反贫困实践的积极性、参与性和主动性,加速加快扶贫减贫进程;随着我国经济总量不断提升,普遍贫困问题得以解决,但是社会贫富差距日益加大,仍有贫困人口分布于广大农村地区,因而实施精准扶贫瞄准到人战略,要求通过"五个一批"改善贫困人口的福利状况,在扶贫工作中做到"六个精准",将以往区域性瞄准方式转变为聚焦到户到人,各类扶贫资源开始直接到户,避免了以往扶贫资源到县、到村带来的资源使用效率偏低、不够精准等现实问题。上述几个阶段充分体现出扶贫减贫战略始终随着扶贫实践的变化而不断发展。

三是保持扶贫战略与国家发展战略的有机统一。扶贫战略作为国家发展战略的组成部分,要和国家整体发展战略保持有机统一。中国始终坚持问题导向,不同阶段解决不同重点问题。新中国成立初期，国家发展严重滞后，社会秩序尚待稳定，因此建立社会制度、变革生产关系、重点救济在生存边缘徘徊的贫困人口是符合国家战略发展需要的。到了改革开放前夕，国家经济发展滞缓，平均主义不能实现中国的正常发展，因此必须改变这种局面，以经济建设为中心，实行改革开放，通过先富带动后富实现渐进式减贫是解决发展问题是一剂良药。进入20世纪80年代，"救济式"扶贫的弊端开始显现，通过区域开发式扶贫，激发贫困地区和贫困人口的内生发展动力是谋求进一步发展的关键。当前来说，中国国家发展的战略目标是"两个一百年"奋斗目标，到2020年，即中国共产党成立100年时，国内生产总值和城乡居民人均收入在2010年的基础上翻一番，全面建成惠及14亿人口的小康社会；到21世纪中叶，即中华人民共和国成立100年时，建成富强民主文明和谐美丽的社会主义现代化强国。在"两个一百年"奋斗目标的指引下，实施脱贫攻坚战略，保证贫困人口和贫困地区同全国人民一道步入全面小康社会，缩小区域发展差距和社会贫富差距成为实现国家发展战略目标的必然要求。扶贫战略的设计和定位，要和国家的整体发展战略保持有机统一，在实施扶贫战略的过程中，也为实现国家长期发展目标贡献力量。

四是坚持通过发展解决贫困问题。发展是解决一切问题的基础和关键。贫困问题作为发展过程中长期存在的社会问题，也必须在发展的过程中解决。在经济社会发展的早期阶段，贫困发生率高、涉及面广、社会普遍贫困，此时通过经济发展和收入的初次分配即可使很多贫困人口从中受益，贫困发生率大幅下降。但是随着经济社会的不断发展，经济发展带来的福利越来越不能自发地流向低收入群体，此时就需要政府的扶贫政策干预，不断将扶贫资源瞄准低收入群体，改善贫困人口的福利状况。扶贫工作本质是政府对贫困人口发展能力的干预，是政府面向贫困人群对各类资源的再分配，也是政府对社会发展成果红利的再分配。社会发展是解决贫困问题的前提、基础和关键，无论社会发展处于何种阶段，要解决贫困问题，必须坚持社会的全面发展，否则扶贫工作便成为无源之水、无本之木，无法持续有效开展。发展中国家必须处理好发展与扶贫、效率与公平之间的关系，既要努力实现快速、稳定发展，也要防止发展过程中收入分化、贫富差距过大的现实问题，要始终坚持在发展的过程中解决贫困问题。

参考文献

［1］联合国开发计划署.2015年《千年发展目标报告》.联合国开发计划署网站，2015.

［2］联合国开发计划署.中国实施千年发展目标报告（2000—2015年）.联合国开发计划署网站，2015.

［3］叶江.联合国"千年发展目标"与"可持续发展目标"比较刍议.上海行政学院学报，2016（6）.

［4］郑新业.中国反贫困具有世界意义.21世纪经济报道，2020-10-20.

［5］黄承伟.中国减贫理论新发展对马克思主义反贫困理论的原创性贡献及其历史世界意义.西安交通大学学报（社会科学版），2020，40（1）.

［6］君文.中国扶贫经验成为国际减贫事业的有益借鉴.老同志之友，2019（22）.

［7］周全，董战峰，吴语晗，等.中国实现2030年可持

续发展目标进程分析与对策.中国环境管理，2019，11（1）.

［8］余芳东.国际贫困线和全球贫困现状.调研世界，2016（5）.

［9］汪三贵，杨颖.全球贫困：现状及解决方案.科学决策，2003（11）.

第八章

2020年后中国还需要扶贫吗

一、对贫困的再认识

在精准扶贫、精准脱贫战略指导下，我国脱贫攻坚工作取得了举世瞩目的成就。当前，我国现行标准下9 899万农村贫困人口全部脱贫，832个贫困县全部摘帽，12.8万个贫困村全部出列，区域性整体贫困得到解决。中国历史性地解决了绝对贫困问题，实现了联合国可持续发展目标中的第一个目标"在世界各地消除一切形式的贫困"，履行发展中大国的国际责任，为全球减贫目标的实现做出突出贡献。但是，需要明确的是，消除绝对贫困，并不意味着贫困问题在中国的完全消除。党的十九届四中全会提出"坚决打赢脱贫攻坚战，巩固脱贫攻坚成果，建立解决相对贫困的长效机制"的目标任务，我国的贫困治理重点已转变为缓解相对贫困。

那么什么是相对贫困呢？在定义绝对贫困时，讲的是人的基本生存需求没有得到满足，包括吃、穿、住、安全饮水、基本教育、基本医疗和文化娱乐等。而对于相对贫困，目前并不存在明确的官方定义。我们可以先从国外的研究进行了解，国外最早对相对贫困进行定义的是汤森（Peter Townsend），他认为贫困是一种相对剥夺，社会资源的缺失与权利缺失会导致贫困，并且如果个体、家庭或特定群体不能按照其所生活的社会习惯，按照广为接受的、广为鼓励的方式生活，那就处于"相对贫困"状态。马克思基于制度的视角，认为资本主义制度导致了工人的绝对贫困和相对贫困，提出"虽然工人生活的绝对水平依然照旧，但他的相对工资以及他的相对社会地位，也就是与资本家相比较的地位，却会下降"[①]。国内大部分学者认为相对贫困是指满足基本生存需求之后，与社会一般水平相比的一种落后状态，同时，相对贫困包含了对更高层次的精神需求的考量，是在与某个参照群体对照后界定的落后和收入降低的状态。虽然在特定的社会生产方式和生活方式下，依靠个人或家庭的劳动力所得或其他合法收入能维持其食物保障，但是无法达到在当地条件下被认为是其他生活需求被满足的状态。王国敏等人认为，相对贫困包括两个方面：一是贫困线因经济发展水平而提高所增加的贫困；二是在同一时期，不同地区、不同阶层、各阶层内部成员之间由于收入差距形成的贫困。张琦等认为相对贫困包括三方面的基本内涵：一是家庭能满足生存必需品，但不能满足社会需求，生活状态低于特定环境下的平均水平；二是遭受不公平待遇，因被体制排斥而被剥夺社会参与的机会，缺乏安全感和话语权；三是个人或家庭生计能力薄弱，难以有效进行社会再生产，且易遭受风险冲击。可以发现，在相对贫困阶段，不仅关注贫困的经济面向，更侧重社会维度，并逐渐向多维发展。相对贫困是通过社会比较产生的，既有经济收入与社会结构层面的客观因素，又有社会心理层面

---

① 马克思，恩格斯. 马克思恩格斯文集：第3卷. 北京：人民出版社，2009：67.

的主观认知。

在对相对贫困的基本内涵进行一定了解后，需要对相对贫困标准的确定进行一定的阐述。相对贫困标准的确立以及相对贫困人口的识别是解决相对贫困问题的逻辑起点。首先可以对国外的相对贫困标准进行分析，联合国开发计划署和英国牛津大学贫困与人类发展中心共同研发了多维贫困指数（multidimensional poverty index，MPI），从国际机构层面为相对贫困测量提供了维度和参考指标。由于使用相对贫困线的发达国家的经济发展水平都很高，因此相对贫困线又被认为是"富裕国家确定贫困率最有效的方法"。例如，欧盟早在2001年就将人均可支配收入中位数的60%定义为相对贫困线，这个标准大致相当于平均收入的50%。王小林认为中国多维相对贫困线标准包括收入、就业等反映"贫"的经济维度，教育、健康、社会保障、信息获得等反映"困"的社会发展维度和生态环境维度相关指标。叶兴庆等人认为应按中位收入比例法制定相对贫困线，统一城乡扶贫目标与治理机制。邢成举建议采用常住农户或是城市常住居民中位收入的40%作为2020年后的相对贫困线标准。在2020年以前，我们使用绝对贫困来对贫困进行定义，通常是利用一个能够满足最基本生活要求的收入标准来进行衡量，当收入低于这个标准的时候就是贫困人口。而随着绝对贫困的消除和全面小康社会目标的实现，需要对贫困的标准进行一定的调整。作为"后2020"的贫困标准，可以考虑以人在满足基本需求或者最低生活需要后对更美好生活的追求来确定贫困标准，科学合理地确定社会公认的基本需求水平并转换成与之相对应的价值量，并根据经济社会发展和生活水平的提高而采用满足人的更高需求的贫困线标准。

从具体相对贫困线标准的制定探索来看，大多数发展中国家通常采用人的基本需求标准。虽然世界各国和地区经济发展水平、社会制度和政府决策千差万别，但都确定了相应的贫困线标准或社会救济标准。发展中国家基本上都使用人的基本需求作为制定贫困线标准的依据，欧盟等少数国家或地区使用相对贫困线标准。大多数发展中国家用满足家庭在食品、住房、衣着、教育和医疗等方面人的基本需求的生活水平标准值来确定本国的贫困线标准和测算贫困人口规模，只有欧盟（家庭可支配收入低于平均水平的60%）和澳大利亚（家庭可支配收入低于平均收入中位数的一半）等少数国家或地区使用相对贫困线标准和测算贫困人口规模，这与其扶持对象覆盖面广和社会保障机制相对健全有关。世界银行也根据15个贫困国家的贫困线标准的简单平均值来确定贫困线的国际标准，以便于进行国际比较。作为发展中国家，中国相对贫困线标准的制定应符合自身经济发展水平和社会可接受的基本需求，按发展中国家的原则和方法来确定，采用分类施策的方法对各种不同类型的家庭制定相应的标准，并适当反映出农村和城市以及地区生活成本的差异。

考虑到地区间的发展差异，《中国农村扶贫开发纲要（2011—2020年）》提出，各省（区、市）可根据当地实际，制定高于国家扶贫线标准的地区扶贫线标准，在中国各个地方都实施了各具特色的区域扶贫开发战略。一般而言，地方扶贫线标准可在当地农民人均收入的30%～50%范围内综合确定。全国十多个省份制定了高于国家标准的地方标准，一般在4 000元左右，最高不超过6 000元。在2012年，浙江省将省贫困线标准确定为4 600元，是当时全国扶贫线标准的两倍。

2017年，浙江省民政厅、省农办、省扶贫办联合制定了《低收入农户认定标准、认定机制及动态管理办法》，将相对贫困扶贫对象确定为低保对象、低保边缘对象和4 600元低收入农户巩固扶持对象（指如无巩固帮扶措施，年均收入极易滑入4 600元以下的农户）三类，并明确前两类为主体。2015年底，江苏省提前实现"到2020年贫困人口人均收入大于4 000元"的全国扶贫目标后，按照2020年全国小康农民人均收入20 000元的目标值，确定了6 000元的贫困线标准。根据该标准，江苏省相对贫困帮扶对象是全省乡村6%左右的低收入人口、6%左右的经济薄弱村、苏北6个重点片区和黄桥、茅山革命老区，涉及农村低收入人口300万左右。此外，还有省份分段设立了高于国家标准的动态扶贫标准。如广东省按2012年全省农民人均年纯收入的33%确定2013—2015年农村扶贫标准，而2016—2020年则以2015年为基期，根据当年经济社会发展情况和相对贫困人口规模确定扶贫标准。

综上，相对贫困线标准的确定要结合当前社会主要矛盾变化，并考虑城乡和区域差距。党的十九大报告指出，人民日益增长的美好生活需要和不平衡不充分的发展之间的矛盾已成为中国社会的主要矛盾。人民日益增长的美好生活需要不仅包括满足人类基本生存需要的物质性需要，还包括社会安全、社会保障和社会公正等社会性需要，以及被尊重、自我价值实现等心理性需要。相对贫困线标准要充分考虑贫困人口较高层次的发展需求，在"两不愁三保障"的基础上纳入反映生产和生活的多维指标，在绝对收入水平上要有较大幅度的提高；城乡发展的不平衡、区域发展的不平衡、有效供给的不充分等已成为制约人民日益增长的美好生活需要得到满足的主要因素。制定贫困线标准需要将城乡和区域差距问题考虑在内,使其符合中国国情且有助于缩小收入分配差距、缓解社会不公平程度。从区域发展差距的角度来看,相对贫困治理可以通过分层级、分区域制定贫困标准的办法,推动各地形成同经济社会发展水平相一致的相对贫困治理模式。

二、相对贫困定义下贫困是永恒的主题

相对贫困阶段必须注意解决的问题主要是相对贫困人口的识别和监测。在相对贫困人口的识别和监测方面,已脱贫人口中易返贫群体与边缘群体是相对贫困人口识别的重点对象,这部分群体的致贫风险很大,在绝对贫困阶段的脱贫人口可能会因突发自然灾害或重大事故而返贫;对于弱劳动或无劳动力的脱贫人口,虽然通过政府转移性收入或少量分红解决了绝对贫困,但可能因为可持续生计脆弱,生活没有固定的收入来源而返贫;在脱贫攻坚时期没有纳入帮扶的边缘人口,这部分人群和建档立卡人口差别不大,但是因为政策刚性,被排除在建档立卡之外,同样在相对贫困阶段,也应该受到关注。

与绝对贫困相比,相对贫困具有人口基数大、贫困维度广、致贫风险高等特点,也面临持续增收难、多维贫困、内生动力不足、体制机制障碍等方面的难题。绝对贫困是贫困人口无法满足基本生活需求的状态,而相对贫困主要是由收入不平等和分配不均衡所致的一种相对匮乏的状态。从绝对贫困到相对贫困,其贫困的主体、空间、样态等随之发生转变,但在相对贫困阶段,依然有很多致贫因素需要解决。2020年前的绝对贫困指的是物质上匮乏、缺乏维持生存所需的食品、住

宿、衣物等生活必需品，无法进行简单再生产，直接威胁生命延续。相对贫困主要是通过和不贫困社会成员生活水平进行对比后产生的社会不平等、不公平的局面，反映的是整个社会收入、公共服务、社会保障等方面分配的差异。在绝对贫困阶段，关注的重点是收入和基本生活的贫困，在相对贫困阶段，除了关注收入差距外，还需要关注多维贫困，制定包含收入、教育、医疗、住房、食物以及个人护理等多项指标在内的多维贫困度量标准。

和绝对贫困阶段相比，相对贫困的主体从单一群体转变为多元群体。在消除绝对贫困阶段，贫困治理的主体主要是广大农民群体，特别是14个集中连片特困地区的农民，因自然条件和环境等因素的限制，收入单一，发展滞后。在相对贫困阶段，贫困线标准会高于绝对贫困阶段的标准，贫困线标准也更多维，贫困人口基数也会扩大，贫困人口类型也更多元。贫困边缘户与低收入弱保障的城乡流动人口可能转为相对贫困的重点关注人群。就贫困边缘户而言，在14个集中连片特困地区以及592个国家扶贫开发重点县，其绝对贫困和相对贫困发生率较高，但因为在识别贫困户时，严格按照设定的贫困线标准划分贫困户和非贫困户，二者收入差距与生活水平相差不大，使得这部分非贫困户中的边缘户群体无法享受精准扶贫的政策红利，甚至贫困户的处境也会发生逆转，从而产生心理不平衡和相对剥夺感。同时，因为贫困边缘户发展能力的极度脆弱性，可能因自然灾害、缺乏教育和身患疾病等陷入贫困。就城乡流动人口而言，2019年，外出务工农民工月收入为4 427元，本地务工农民工月收入为3 500元。农民工的平均工资远高于现阶段贫困标准，但他们可能极易因病、因学致贫，同时他们还面临社会融入困难和权利贫困等问题。

和绝对贫困阶段相比，相对贫困人口分布空间从集中于农村转向分散于城乡。在绝对贫困阶段，贫困区域主要集中在老少边穷地区，具有明显的地缘性特征。这些区域主要受资源环境约束，分布在中西部的山区和高原区，自然条件恶劣。进入相对贫困阶段，除农村的脱贫不稳定户和贫困边缘户，城市贫困人口也大幅增加，呈点状分布。2015年，我国城镇相对贫困发生率是11.8%，但农民工的相对贫困发生率高达26.3%。这表明农民工是未来相对贫困重点人群，因此在相对贫困阶段，贫困人口将城乡并存，呈现集中与分散分布相结合的状态。

和绝对贫困阶段相比，相对贫困阶段呈现多维贫困状态。在解决绝对贫困问题阶段，以物质贫困为主，绝对贫困的衡量标准以收入为主，辅之以多维标准。2020年后，我国解决了农村贫困人口的物质贫困，将着力解决贫困人口在其他方面的短板。就农村贫困人口而言，主要解决其发展性贫困和精神贫困。对于城市贫困人口，特别是对进城农民工和城市低收入人群、"三无人群"而言，其教育、健康、住房和城市融入等问题更为严重。如果说，2020年前，物质贫困是我国贫困的主要内涵，那么，2020年后，健康贫困、社会贫困、精神贫困则是解决相对贫困的重心。因此，绝对贫困向相对贫困的转变，意味着向贫困多维性转变，由生存向发展转变。

改革开放以来，农村地区不平等程度加大。新中国成立初期，国家通过所有制改造、土地制度改革等措施，彻底切断了产生贫富差距或者两极分化的经济根源，创造了一个消灭工农、城乡、体力脑力劳动三大差别的相对扁平化的制度基础。这一时期，因整个社会的相对扁平化，整体经济的差异并不明显，贫富差距、阶层分化、相对剥夺并没有强烈展现，相对贫困问题隐蔽且不显著。改革开放后，随着市场化经济改革的推进和体制改革导致的收入分配多元化，农村的不平等程度逐渐加大。从收入分配差异程度来看，农村的基尼系数由1978年的0.21上升到2011年的0.39，提高了0.18。从不同分组农村居民家庭人均收入的增长情况来看，2000年到2013年低收入户、中等偏下收入户、中等收入户、中等偏上收入户、高收入户家庭人均收入的增长率分别为9.57%、11%、11.28%、11.57%、11.52%，可见低收入户与其他分组户的收入差距越来越明显，导致农村居民收入差距逐渐拉大，农村地区相对贫困现象逐渐显现。

相对贫困不仅体现在客观物质层面，也体现在主观精神层面。社会心理学认为贫困心理有可记忆、可遗传的精神基因。长期处于贫困状态的人，更容易具有贫穷心态和贫困习惯。个体心理层面的贫困认知和社会心理层面的贫困认知互为表里。"穷人心态"既源于中国传统文化中的"安贫乐道""不患寡而患不均"等贫困观念，又源于我国社会主义初级阶段"场域"中直接给钱给物给政策的绝对贫困治理方式。社会心理性相对贫困通常表现为相对贫困群体的相对剥夺感。例如，精准扶贫中特惠性政策的实施，可使特殊群体得到有效的帮扶，但是未享受到特惠性政策的群体便可能产生相对剥夺感。社会心理性相对贫困的认知，不仅会降低农民对于扶贫政策的满意度和认可度，而且可能导致"争当贫困户""代际贫困遗传""文化贫困"等不良现象。

三、相对贫困只能缓解不能消除

当前,在现行标准下农村贫困人口实现脱贫,贫困县全部摘帽,解决了区域性整体贫困。中国农村的绝对收入性贫困和基本生活贫困在统计上消失。但绝对贫困的消除并不意味着中国农村贫困的终结。

从理论上来讲,相对贫困问题会因阶层分化的存在而长期存在。只要人类社会的分化不消失,贫困就很难消失,因为社会分化与分层很难消失,所以贫困问题也就很难消失,这也是为什么西方发达国家仍然存在贫困人口,只是贫困比例被控制在一定的范围之内而已。绝对贫困的消除、区域性整体贫困的解决并不意味着贫困的消失。由于地区发展不平衡,相对贫困人口仍然会长期存在。绝对贫困存在于特定的历史时期、特定区域和特定的群体,标准具有客观性,集中表现为物质匮乏,通过经济发展和一定的扶贫工作是可以被消除的。相对贫困在任何人类社会发展阶段都存在,只要有阶级和财富存在,就没有绝对的平均和公平,就会有不平等和不均衡的现象发生,从标准上看表现为人群之间的"比较性",从实质上看体现为一定的社会结构性,并在政治经济活动中不断被解构与重构。不同国家经济社会政策不同,相对贫困程度也不同。

相对贫困因其风险性和不确定性而无法消除。首先,相对贫困恶化到一定程度,会导致相对贫困人口人力资本投资不足和市场消费能力不足,进而从人力资源供给和市场需求两个方面影响经济社会发展。其次,相对贫困可能被相对贫困人口感受为认知层面的相对剥夺,被追求公平正义的社会成员视为社会不公,进而成为产生社会不满的根源,成为引发社会矛盾和冲突的风险因素。最后，在刚刚消除绝对贫困的一个时期内，相对贫困中包含着绝对贫困的种子，很大一部分相对贫困人口仍然比较脆弱，面临着因市场变动、自然灾害、疾病等事件再次陷入绝对贫困的风险。

相对贫困具有长期性。相对贫困以社会中位收入或平均收入的某个比率作为衡量标准，不同群体的收入不能达到绝对的均衡，因而相对贫困会长期存在。追溯相对贫困的产生，可以发现，自出现剩余产品以后，相对贫困就一直普遍存在。从历史上看，相对贫困是生产力发展过程中资源优化配置的必然结果。中国仍处于并将长期处于社会主义初级阶段的基本国情没有变，相对贫困也将长期存在。

相对贫困是通过不同群体之间的主观对比而产生的，只要有比较，就不会消失。相对贫困各维度上的对比包括物质上、社会上或情感上的相对匮乏。其中，可支配收入是判断相对贫困的重要标准。在发达国家，通常将人均可支配收入中位数的50%、60%（大致分别相当于平均收入的40%、50%）作为相对贫困线的制定标准。相对贫困在一定程度上可视为一个社会心理问题。相对贫困群体的呼吁机制、社会共识所表达的价值取向，不仅决定着相对贫困的标准，而且决定着公共治理政策的方向和力度。

相对贫困具有多元性。相对贫困可以理解为接受教育、享受政治权利、参与社群生活等能力的缺失。贫困主体能力的缺失主要源于：资源贫乏（贫困群体可支配的资源严重少于其参照群体）、社会排斥（贫困群体被排除在社会认可的生活模式、习俗和活动之外）、相对剥夺（贫困群体无法获得有尊严的生活条件和便利设施，以及进入市场、获得教育与健康等经济和社会权利），因而在相对贫困主体及特征上呈现多元性。

相对贫困的比较性和多元性，决定了相对贫困治理的长期性。从资源禀赋来说，可利用的自然资源，在地理区域分布上不仅是差异化的，而且是天赋外生的，从而产生了区域间的不平衡与群体间的相对差距。从经济机会来说，处于不同社会网络、不同分工网络的个体或群体，由于网络位置、网络分割、社会固化及其传导机制的不同，获得的机会必然是不平等的，从而造成内生经济权利与生活质量的相对差距。从个人能力来说，一个人的行为能力包括拥有获得衣食住行以及社会参与等各种功能性活动的能力，但因为个人能力的不同，其在资源获取、机会获得、权利行使方面出现差异，进而导致其在摆脱收入贫困并改善生活质量方面没有足够选择空间。禀赋、机会与能力的差异，不仅决定了缓解相对贫困的艰巨性，而且决定了其会因为市场竞争机制及其优胜劣汰而具有长期性与历史性。

城乡差距及区域差距带来的发展不平衡问题也制约了相对贫困的缓解。我国城乡二元化的发展格局及城乡人口流动的特征，决定了相对贫困在城市和农村将同时存在，且具有差异化及流动性等特征。例如，流动人口中的农民工群体存在贫困代际传递问题。这对相对贫困治理在识别、标准制定及干预政策设计上均提出了巨大挑战。此外，地理环境、资源禀赋及社会文化等多种因素导致的区域经济发展的不均衡现象，对相对贫困的识别和治理也提出了更高的要求。其中，东西部差距、沿海与内陆差距，使得相对贫困的治理难度加大。

和绝对贫困相比，相对贫困的致贫原因更复杂。贫困除收入外，还包含住房、教育、医疗、社保、社会融入等一系列因素，如果单一地从经济方面进行贫困帮扶，并不能彻底解决相对贫困问题。从2013年开始实施的精准扶贫政策，目的是解决绝对贫困人口由于收入不足而产生的基本生活困难问题，实现"两不愁三保障"。所以在绝对贫困阶段，主要是通过提供外部经济物品和社会救助来改善生活质量。进入相对贫困阶段后，问题的复杂性就显示出来：由于相对贫困群体身处社会困境，基础设施、公共服务、社会保障缺失，没有发言权、社会排斥等社会层面的相对剥夺感所导致的"心理冲击"，使新一轮的减贫工作更加繁重。因此，进入缓解相对贫困阶段后，仅通过物质性补助无法真正摆脱贫困。追本溯源，相对贫困是由发展和分配的不平衡造成的，从绝对贫困问题转向相对贫困问题正是社会主要矛盾转化的缩影。

参考文献

［1］TOWNSEND P. Measuring poverty. British journal of sociology，1954，5（2）.

［2］马克思，恩格斯.马克思恩格斯全集：第46卷：上册.北京：人民出版社，1979.

［3］马克思，恩格斯.马克思恩格斯文集：第3卷.北京：人民出版社，2009.

［4］王国敏，何莉琼.我国相对贫困的识别标准与协同治理.新疆师范大学学报（哲学社会科学版），2020（3）.

［5］张琦，杨铭宇，孔梅.2020后相对贫困群体发生机制的探索与思考.新视野，2020（2）.

［6］冯怡琳.中国城镇多维贫困状况与影响因素研究.调研世界，2019（4）.

［7］王小林.贫困测量：理论与方法.经济学动态，2016（12）.

[8]叶兴庆,殷浩栋.从消除绝对贫困到缓解相对贫困:中国减贫历程与2020年后的减贫战略.改革,2019(12).

[9]王绍光.坚守方向、探索道路:中国社会主义实践六十年.中国社会科学,2009(5).

[10]向德平,向凯.多元与发展:相对贫困的内涵及治理.华中科技大学学报(社会科学版),2020,34(2).

[11]唐平.农村居民收入差距的变动及影响因素分析.管理世界,2006(5).

[12]汪三贵,刘明月.从绝对贫困到相对贫困:理论关系、战略转变与政策重点.华南师范大学学报(社会科学版),2020(6).

第九章

缓解相对贫困：
建设一个更加平等的社会

一、相对贫困的实质是差距问题

2020年是脱贫攻坚的收官之年，中国已彻底消除了现行标准下的绝对贫困，但绝对贫困的消除并不意味着贫困的消除，也不意味着国家扶贫任务的终结，而是由解决绝对贫困转向缓解相对贫困。改革开放以来，我国一直以解决绝对贫困的标准来指导扶贫工作，关注的重点也仅仅是贫困群体的增收和基本生活问题、贫困发生率的降低问题等，因此，"相对贫困"对于目前的我们来说还是一个比较新的概念。

为什么要提出相对贫困？为了回答这个问题，首先要了解相对贫困提出的根本前提。当前，我国社会的主要矛盾已经转变为人民日益增长的美好生活需要和不平衡不充分的发展之间的矛盾，不平衡不充分已成为我国经济发展的主要制约因素，相对贫困问题也是不平衡不充分的问题，因此，提出相对贫困的根本前提就是我国社会主要矛盾的变化。

相对贫困的实质是什么？从相对贫困提出的根本前提可

以知道，相对贫困解决的不仅仅是不充分的问题，还有不平衡的问题，也就是由发展不平衡导致的收入分配差距、城乡差距以及区域差距问题。发展差距与相对贫困有天然的联系，只要存在差距，就会存在相对贫困，即相对贫困的实质是差距问题。

为什么相对贫困的实质是差距问题？回答这个问题，首先要了解为什么只要存在差距，就会有相对贫困。一是城乡差距。现阶段，我国城乡发展差距虽然呈现持续缩小的态势，但多年的积累导致城乡差距依然很大，这种差距不仅体现在收入上，而且体现在基础设施、公共服务、医疗、卫生、教育等各方面。二是城乡内部发展差距。我国城乡内部发展差距在持续扩大。目前，我们在高度关注城乡发展差距的同时忽视了城乡内部发展差距，这一差距的扩大也将会像城乡发展差距一样带来严重的问题，因此要引起足够的重视。三是区域发展差距，包括区域之间的差距和区域内部的差距。以区域之间的差距为例，东部地区和西部地区人均可支配收入、就业机会、基础设施和公共服务等都存在着巨大的差距，即使改变了贫困线标准设定方式，西部地区仍然是扶贫开发的重点。四是城镇中存在着小部分贫困群体，一部分是城镇原有的较为贫困的群体，另一部分是从农村迁移至城镇的贫困群体，虽然这些人所占比重没有农村那么高，但是也不能忽视他们的存在。正是这些差距的存在，才会导致个人、家庭或者群体无法获得社会公认的、都能享受到的生活条件、工作机会以及医疗、教育、金融等公共服务，相对贫困自然而然地产生了。所以，相对贫困的实质是差距问题，缓解相对贫困首先要从缩小差距入手。

二、缓解相对贫困的多个层面

反贫困斗争具有长期性、持久性等特征。2020年以后，我国扶贫事业整体上会有三个转变：一是由2020年之前解决绝对贫困向2020年以后缓解相对贫困转变；二是由农村脱贫攻坚向乡村振兴战略下的城乡减贫融合推进转变；三是由实现"两不愁三保障"目标，向应对和缓解发展的不平衡不充分多维相对贫困转变。因此，缓解相对贫困，要深刻认识相对贫困产生的原因，针对具体原因寻找解决措施才能事半功倍。

（一）逐步缩小城乡发展差距

城乡发展差距较大是造成我国相对贫困长期存在的重要原因，同时也是造成我国贫富差距大、消费结构不合理以及阻碍城镇化进程的重要因素。缩小城乡发展差距，不仅对缓解相对贫困有重要的作用，也是提升我国经济发展质量的必然要求。现代经济学强调经济结构优化，缩小城乡发展差距，一方面能够促进城市更多的生产要素流向农村地区，提升农村地区的发展活力和发展机会，从而缓解相对贫困；另一方面城市在转型过程中，农村地区为城市产业转移提供了土地、劳动力、人力资源等条件，优化了城市地区的经济结构。因此无论是城市还是农村，缩小城乡发展差距都是一种互利互惠的举措。缩小城乡发展差距不是一蹴而就的，必须通过多主体、多方面逐步推进。

首先，完善财政支出政策，加大财政对农村地区的支持力度，是支持农村地区发展、缩小城乡发展差距的必然举措。第一，通过财政投入，改善农村地区机耕道、灌溉系统等基础设施，降低农民生产和投入成本；第二，支持农村地区优化产业结构，发展乡村旅游、观光农业等农旅融合的项目，增加农民增收途径；第三，从财政和税收角度，增加农产品收购补贴。政府通过与企业合作，减少农产品收购环节，增加农产品销售渠道；同时通过税收优惠政策，鼓励更多的企业收购农民产品，为农民解决销售难的问题。

其次，农村地区的发展不仅依靠政府的引领，还要依靠社会主体的带动。各主体应加大力度发展农村特色产业，促进农村产业发展，以产业发展带动农村地区经济发展和农户收入。同时，要继续探索产业发展中企业与农户的多种利益联结方式。一是直接生产带动。企业在自身发展的同时，通过不同的发展模式让农户参与到企业的生产发展当中，一方面促进产业发展壮大，惠及更多的相对贫困群体；另一方面让农民加入生产发展链条中，增加其发展的积极性，从而提高相对贫困群体发展动力，增加产业发展收入。二是就业带动。产业发展起来了，用工需求就会增加，从而会解决农村大量剩余劳动力，增加工资性收入。三是资产收益带动。企业可以通过让农户以土地、劳动力、农产品等入股的形式带动相对贫困群体，既能为企业发展提供必不可少的生产资料、劳动力等，又能增加农户的资产收益。四是间接带动。企业的发展一方面增加了当地的税收；另一方面也可以间接带动当地基础设施建设，吸引更多的企业入驻，从而带动整个地区经济活跃起来，缩小与城市的发展差距。

再次，通过金融工具，促进现代农业发展。农村金融借贷资金质量不高在很大程度上制约了农民收入的提高。农民在缺乏金融资金借贷的前提下，难以在农村发展规模经营，制约了农民的生产积极性和收入的提高，因此为农业发展提供资金支持，激发农民创业和发展生产的积极性，为缩小城乡发展差距、缓解相对贫困提供了重要条件。可以通过适当补贴农业贷款利息、构建农业风险补偿机制、减少农民贷款顾虑等措施保障农民金融借贷资金的需求。

（二）实施推动中西部地区发展的政策，缓解区域相对贫困

改革开放以来，我国的区域发展差距不断拉大，东部发达地区在经济总量、财政收入、基础设施、公共服务、产业结构、就业机会等多方面都优于中西部欠发达地区。那么东西部发展差距到底是由什么原因造成的呢？

国家政策对地区经济发展有重要的影响。改革开放后，我国优先发展东部地区，东部地区发展起来了再带动中西部地区的发展，因此，各种优惠政策都先考虑东部地区，为东部地区的发展创造了良好的条件。东部沿海地区率先实行改革开放，这一政策使东部地区吸引了大量外商投资，为东部地区的产业发展提供了丰厚的财力、技术和管理方面的支持。

自然地理条件影响地区经济发展。我国东部地区以平原为主，水陆交通发达，为经济发展提供了良好的前提条件；中部地区地形起伏较大，自然条件较东部地区差；而西部地区的荒漠和高寒环境，制约了当地经济发展。同时，东部地区温度适宜，降水充足，农作物种类繁多，复种指数高；中西部地区温差较大，有些地区甚至干旱缺水，工农业发展落后，进而影响地区经济发展。

文化历史背景不同，地区经济发展状况也会有所不同。任何地区经济基础对经济发展的影响主要体现为初期的差距效应。东部地区原以重工业为主，而西部地区以农业为主，经济结构的差异导致经济基础的差距，而且这一差距随着改革开

放的深入逐步扩大。在教育经费的投入上，东中西部差异也很大。东部地区教育经费几乎是中部和西部的总和，因此东部地区的教育资源明显优于中西部地区，培养的本土人才和外来优秀人才也多于中西部地区。产业结构也会影响地区经济发展。改革开放后，我国东部地区不断吸引外资，促进产业结构优化升级，发展经济效益好、附加值高的产业，而西部地区则承接经济效益低、风险大、投资回报率低的农业和重工业，因此东西部差距逐渐扩大。

东西部差距大、存在的时间久，造成东西部人们之间的收入差距大，享受到的基础设施、公共服务和发展机会都存在较大的差距，因此相对贫困不可避免，为了缓解相对贫困，我们更需要缩小东西部发展差距。

一是充分利用中西部地区资源优势，加大综合开发力度。加大中西部地区产业支持力度，立足当地资源状况，发展具有当地特色的产业，避免同质化竞争；加快中西部地区基础设施和公共服务配套建设，在交通、水利、电力、信息、网络、金融等方面加大投入，补足中西部地区短板，为产业发展提供良好的基础；鼓励承接适合当地发展的产业转移项目。二是加大对易地扶贫搬迁农户的政策支持力度。易地扶贫搬迁须实现既要搬得出，又要稳得住，还要发展得好，要通过加强对搬迁户的产业帮扶、就业帮扶，解决易地扶贫搬迁农户的收入问题；适当加大对安置区域基础设施和公共服务的投入力度，缩小与发达地区的差距。三是构建缓解相对贫困的益贫性经济增长机制。建立对中西部地区自然资源的开发利用和保护制度，合理利用中西部地区的土地、资源和自然环境，既要避免过度开采，又要避免资源浪费；发展具有益贫性质的农业产业、非农产业，鼓励农村剩余劳动力转移就业；加大创业就业培训力度，增强中西部地区自身发展动力；加强信息化和网络化建设，用数字技术缓解区域相对贫困。

(三) 构建针对脆弱人群精准施策的帮扶措施

2020年后，容易陷入相对贫困的群体主要有老年人、残疾人、儿童和流动人口。因此，需要针对特殊困难群体制定合理的帮扶政策，才能提高减贫成效，缓解相对贫困。随着老龄化问题的不断加剧，全国60岁以上的老年人口逐渐增多，独居老年人、空巢老年人的物质和精神生活需要给予更多关注，特别是农村贫困地区，老年人缺乏基本的生活照料，留守和独居的贫困老年人口成为相对贫困阶段的特殊困难群体。因此，国家应该提高农村地区的养老金标准，为其基本生活提供充足的保障。同时，应该关注老年人的精神健康问题，定期为老年人举办活动、文艺演出、讲历史故事等，丰富老年人的精神生活。此外还要定期组织老年人进行集体体检，做到早发现早治疗，提高老年人的身体素质和幸福指数。

2020年后欠发达地区儿童面临三大挑战：教育、健康和营养。教学条件落后、营养不良、健康问题凸显等，对孩子的认知能力、健康发育都会产生不良影响。为了避免贫困的代际传递，必须高度重视这些问题。首先，2020年后应普及学前教育，提高幼儿园的入园率；提高义务教育的质量，加大对欠发达地区教育投入的力度，包括硬件设施、师资力量等方面。其次，应合理安排在校学生的营养餐，提高营养餐标准。最后，必须重视儿童的生理和心理健康，重点关注留守儿童心理健康问题，通过安排临时家长、定期与父母视频联系等方式减少父母缺位带来的不良影响。

实施针对低收入群体的发展型救助政策,对于有劳动能力的流动人口和有部分劳动能力的残疾人,在实施救助政策的同时助其提高自身发展能力,坚决避免"等靠要"思想。一是逐步统筹城乡最低生活保障制度,重点照顾残疾人、老年人等特殊群体,不仅为其提供资金补贴,还要关注其心理健康。二是对有劳动能力的救助对象,让其参与简单的公共事务活动,如劳动量较小的公益活动、文化活动、宣传活动、矛盾调解等相关工作,让其通过自己的劳动换取收入,促进其更好地融入社会。三是继续促进流动人口稳定就业。

(四)制定合理的收入分配机制

相对贫困与绝对贫困不同,绝对贫困是以收入的某一固定值为贫困的衡量标准,在这个固定值之下,就是处于贫困状态。而相对贫困是一个"相对"概念,更加注重贫困人口收入在社会总收入中所处的位置。收入增加了并不代表贫困状况改善了,因此,我们不能一味地追求经济总量的增长而忽视公平合理的收入分配机制。

我国发展的不平衡不充分,造成我国收入分配的不均衡。东部发达地区收入明显高于西部欠发达地区,城市居民人均可支配收入明显高于农村居民人均可支配收入。我们只有在经济总量不断增长的前提下缩小区域、城乡间的收入差距,才能改善贫困人口收入在国民收入中的相对位置,缓解相对贫困。

建立合理的收入分配机制需要从以下几个方面着手:一是初次分配要发挥好政府社会管理的职能,注重保护相对收入较低的群体的合法权益,通过立法、规章制度等措施禁止拖欠工资、恶意压低工资等现象。此外,要完善最低工资增长机制,确保低收入群体工资以合理的速度增长。二是完善个人所得税和社保缴费，降低相对贫困线附近人群的税收和社保负担，缓解城镇相对贫困现象。三是健全养老保险制度，提高养老保险标准，避免老年人口因收入较低导致的贫困。四是规范低保、五保和特困户补助标准，减少瞄准偏误，避免精英俘获，针对不同家庭不同的贫困状况设置不同的补贴标准，发挥转移支付在收入再分配中的作用。

（五）完善基础设施和构建基本公共服务均等化

基础设施和基本公共服务发展不均是造成收入和生活水平产生差异的重要原因，想要解决因此形成的发展差异，就要改善基础设施条件和构建完善的基本公共服务体系，这样才能够降低低收入群体的生活成本，增加其发展机会。主要可以从以下几个方面着手：一是要重视基础设施和基本公共服务建设对欠发达地区经济发展的作用。为什么欠发达地区即使有廉价的劳动力、丰富的自然资源、广阔的土地、优惠的政策等各种优势，依旧会招商引资困难、优秀人才紧缺？一个重要原因就是欠发达地区基础设施和基本公共服务不到位，企业投资成本高、风险大，优秀人才入驻心理落差大、发展机会少等。所谓"要想富，先修路"，路都没有，企业如何生产运营？产品如何销售？即使该地有得天独厚的优势资源，但是因为基本公共服务满足不了企业运营的需求，也满足不了最基本的交通等基础设施的需求，它们也会宁愿选择成本高、政策优惠少，但是能正常运营的、产品能顺利销售的地区。因此，各级政府应重视基础设施和基本公共服务发展对当地经济发展的作用，而不是一味地追求经济发展，却忽视了重要的环节。二是加大对欠发达地区和农村地区基本公共服务的投入力度。主要包括对欠发达地区的学校、医院等硬件和软件设施的投入，提高其教育和医疗水平；普及欠发达地区的学前教育，提升义务教育质量，促进高中和职业教育的发展；加大农村和欠发达地区养老设施建设，提高养老金的补贴标准，优化医疗报销程序，提高报销比例，扩大报销范围，降低当地居民的养老成本和医疗费用。三是强化欠发达地区和农村的公共服务人才队伍建设。目前我国的优势资源主要集中在发达地区，比如优质的教育资源和医疗资源等，欠发达地区的孩子要想获得和发达地区的孩子同等的教育资源，就要付出更高的成本和投入，而且很多地区因为户籍限制，无法获得同等的教育资源，这就在一定程度上拉开了欠发达地区与发达地区孩子教育水平的差距。医疗资源也是如此。欠发达地区与发达地区的差距不仅表现在硬件设施上，更重要的是公共服务人才的短缺。因此，应该强化人才队伍建设，首先要培育本土的人才队伍，提高其稳定性；其次要大力吸引优秀人才，中央和地方政府多方面鼓励和支持优秀人才前往欠发达地区，包括提高工资待遇，优先评职称，在欠发达地区为其提供良好的生活和工作环境，为其子女上学就医等提供优惠政策等；最后利用信息技术促进欠发达地区与发达地区实现资源共享，弥补其人才紧缺、硬件设施不到位的短板。通过政府牵头、社会各界共同参与，建立信息共享服务平台，为欠发达地区提供远程教育、远程医疗等服务，一定程度上缩小基本公共服务的差距。

（六）建立健全监测预警与应急帮扶机制

贫困的消除并不代表贫困一去不复返，相对贫困人口本身就具有脆弱性和抗风险能力弱等特点，即使短时间脱离贫困，也很可能因为一场自然灾害、一次突发事故、一场大病再次陷入贫困状态。为了确保小康路上"一个不少，一户不落"，一方面要建立健全相对贫困监测预警机制，另一方面要完善防止返贫致贫保险保障方案。

建立健全相对贫困监测预警机制：一是建立健全相对贫困人口台账。首先，对收入相对较低、易返贫的农户建立专门的台账，录入详细的信息、致贫原因等；其次，对相对贫困人口台账进行动态管理，及时更新和调整，确保全面动态监测。二是建立健全报告处置工作体系。发现需要救助的农户，应及时上报、反馈，尽快落实救助政策；通过银行、医保等各大数据平台比对，对于收入低于支出的家庭重点关注，防止因病、因灾、因突发事故等造成的返贫。

完善防止返贫致贫保险保障方案。在完善防止返贫致贫保险保障方案过程中应坚持以下原则：首先，应明确责任主体，县区党委、政府是责任主体；其次，要动员和组织社会力量，形成以政府为主导、社会力量为补充的防止返贫致贫保险工作的格局；最后，政府通过购买服务的形式，与一家或者多家保险公司合作，为防贫对象购买防贫保险。

三、乡村振兴与缓解相对贫困人口

2020年是中国由解决绝对贫困问题转向缓解相对贫困问题的一年。在完成脱贫攻坚任务时，我国在短期内动员大量的社会力量，各级政府将扶贫工作作为中心工作，各部门都抽调人力物力资源来支持扶贫工作。这种方式在我国贫困人口相对集中、绝对贫困问题相对突出的特定背景下是合理的，实践也证明这种方式是行之有效的。但是随着我国脱贫攻坚任务的完成，我国的贫困问题也发生了相应的变化。贫困人口的"两不愁三保障"问题得到彻底解决，但是东西部地区发展的不平衡以及城乡差距会导致相对贫困人口仍然长期存在。相对贫困也并不能简单地用经济指标来衡量，它所反映的是一种多维的贫困，单纯依靠经济政策和经济资源的支持并不能彻底解决相对贫困问题。

因此，相对贫困的治理与绝对贫困的治理在方式和路径上有着很大的差别。相对贫困将会是一个长期存在的问题，目前的扶贫方式虽然能够快速有效地解决绝对贫困的问题，但是持续性较差，因此并不适用于相对贫困治理这种漫长的拉锯战。相对贫困是一种多维度的贫困，因此乡村振兴阶段相对贫困的治理需要从经济、社会、生态、文化等多个方面入手，而不应过分关注经济指标的达成。

目前，还没有寻找到相对贫困治理的专门路径，而乡村振兴战略的实施则为相对贫困的治理带来了契机。

乡村振兴战略主要是为了解决城乡发展不平衡带来的城乡差距问题，其目标是实现人民的共同富裕，让广大农村地区的农户能和城市居民一样享受到社会主义市场经济发展带来的红利。从这一点来看，乡村振兴战略和相对贫困治理的目标是一致的。乡村振兴的主战场在乡村，而乡村的主体正是农民，乡村振兴要实现的是农民收入的增加、生活环境的改善、精神生活的丰富，强调激发农民的内生动力，帮助农民依靠自己的努力走上致富之路。我国相对贫困人口同样主要分布在农村地区，以农民为主，相对贫困治理追求的是相对贫困人口在经济、社会、生态、文化等多个维度摆脱贫困状态。政府在解决相对贫困问题时要激发相对贫困人口内生动力和主观能动性，帮助相对贫困人口更加自主、长久、有效地摆脱贫困状态。如果说脱贫攻坚是降临到久旱的土地上的一场大雨的话，那么相对贫困治理就是绵绵细雨，虽不及大雨那般能起到立竿见影的效果，却能更持久、更温和地滋润大地，并顾及那些不容易引起人们注意的边边角角。乡村振兴战略为乡村发展描绘了一幅宏伟蓝图，是实现中华民族伟大复兴的一个重要步骤。因此，乡村振兴的实现是一个漫长的过程，不可急躁，不可冒进。从时间跨度来看，乡村振兴和相对贫困治理是一致的。

乡村振兴可以用"产业兴旺、生态振兴、乡风文明、治理有效、生活富裕"这二十个字来概括。相对贫困治理同样需要产业的发展、生态环境的改善、乡村文化的建设、乡村治理体制的完善和相对贫困人口收入的提升。

（一）产业兴旺与相对贫困治理

益贫式经济增长理论认为减贫的最大动力来源于经济增长，而产业发展正是实现经济增长的重要方式。产业扶贫被视为贫困人口摆脱贫困的根本之策，产业兴旺被置于乡村振兴战略的首位，由此可见，产业的发展对于两者都有着极其重大的意义。绝对贫困的治理和相对贫困的治理既有差异性，也有相似性和延续性。产业扶贫在脱贫攻坚中所起的作用和积极意义仍然适用于相对贫困的治理，产业扶贫作为一种造血式扶贫，相较于输血式扶贫更为有效持久，与相对贫困治理也更为契合。

绝对贫困需要解决的是温饱、住房、教育和医疗这些基础问题，而相对贫困则是要实现美好的生活。收入的增加则是实现美好生活的一个重要条件。传统小农生产效率低下，只能满足家庭生活所需，对于收入提升并无太大帮助。现代工业、服务业和农业产业化有着较大的利润空间，通过扶持参与乡村地区工业、服务业和农业产业化发展，拉动相对贫困人口本地就业和自主发展，对其收入的增加有较为明显的促进作用。

　　日常生计的流动性、风险性和不确定性是导致相对贫困的一个重要因素。随着改革开放以来东部沿海地区和内陆大城市的迅速发展，东中西部差距、城乡差距不断扩大。数以亿计的农民为了谋求更好的生活，涌入沿海地区及内陆大城市，由农民变为农民工。他们在城市中住着简陋的房子，吃着廉价的食物，穿着廉价的衣服，以求攒下更多的工资；他们在拼命赚取更多金钱的同时为自己的健康埋下一个又一个隐患。农民工文化水平普遍偏低，所以他们主要从事低水平的劳动密集型产业，其就业情况并不稳定。而由于城乡二元体制的限制，农民工在城市中无法得到医疗、失业等方面的社会保障，这就导致农民工一直暴露在较大的生存风险之下。农民工虽然在城市中有着相较于农村更高的收入，但是其生活境况在某些方面比在农村更差，容易出现贫困问题。要解决上述问题，主要依靠加强对农民工的社会保障和打破城乡二元结构，但是乡村地区的产业发展也不失为一个解决路径。乡村地区的产业兴旺能够为当地提供大量的就业机会，吸引农民工回流，农民就地就业能够大大解决其流动性问题、住房问题和社会保障问题，以此可缓解农民工的相对贫困问题。与农民工相对贫困问题相伴随的还有空巢老人和留守儿童的相对贫困问题。农村青壮年人口进城务工，一方面离开父母和孩子，精神生活略显单一；另一方面老人和儿童的生活自理能力较弱，遇到疾病灾祸时，其生活难以得到照料。农村产业发展带来的农民工回流同样能在很大程度上解决这一问题。

在新的时代背景下,产业扶贫同样有着和相对贫困治理不相适应的地方。大量扶贫产业并不是因市场的需要而产生的,而是政府集中调配大量资源扶持起来的。因为脱贫攻坚时间紧、任务重,扶贫产业多是一些技术含量低、抵抗市场风险能力弱的产业。一些贫困地区的产业千篇一律,其产品集中涌入市场后,可能造成严重的供需失衡,影响扶贫产业的后续发展,甚至导致部分扶贫产业的失败。尤其在脱贫攻坚任务结束后,政府投入扶贫产业中的资源势必会有所减少,这就进一步加大了扶贫产业面临的风险。

乡村振兴战略,尤其是其中的产业兴旺则能够在很大程度上缓解上述问题。一方面,乡村振兴战略和脱贫攻坚战存在着目标和主体的一致性,因此乡村振兴战略会吸引海量的资源进入乡村,为贫困地区的产业发展提供后续支持,避免这些产业因缺乏资源而走向破产。另一方面,乡村振兴战略有着较长的时间跨度,产业兴旺有着更多的耐心,更追求可持续性,故而对相对贫困治理这一漫长的过程有着更好的效果。从这一角度来看,产业兴旺与相对贫困治理有着高度的统一性和协调性,产业兴旺将会为缓解相对贫困提供重要支撑。

(二)生态振兴与相对贫困治理

贫困地区往往生态环境恶劣,农业发展条件较差,对生态环境的治理和保护能够改善农业生产条件,为生态旅游产业的发展打下基础,从而有效改善当地贫困现状。随着生态扶贫政策的落实,生态环境恶劣的地区基本都得到了有效的治理与保护。

生态振兴与生态扶贫存在着延续性,生态振兴会延续对生态治理和保护的投入，巩固生态扶贫的成果。生态振兴也是对生态扶贫的进一步发展，通过发展生态农业和生态旅游，为相对贫困人口创造新的收入渠道。

生态振兴强调对人居环境的整治，通过对农村地区垃圾清理、污水治理、厕所改造、村容村貌建设，改善农村地区环境面貌，为农村居民提供一个美丽整洁的居住环境。一方面能够减少因为水源污染导致的疾病，减少农民的医疗支出；另一方面能够大大提升农民的满足感和幸福感，帮助相对贫困人口摆脱社会心理性相对贫困。

（三）乡风文明与相对贫困治理

内因是决定事物发展的主要因素，因此，要解决相对贫困问题，最重要的是要解决相对贫困人口内在的"思想贫困"问题和"精神贫困"问题。精神上的富足能够为相对贫困人口提供源源不断的动力，促使其依靠自身的辛勤劳动摆脱贫困。在适宜发展农业的地区，居民通过普通的种植养殖就能满足其自身生活所需，还会有所结余。外出务工更是能为家庭带来一笔可观的收入。而在不适宜发展农业的贫困地区，相对贫困人口亦可以通过外出务工摆脱相对贫困。

但是少量相对贫困人口内心中一直存在着"等靠要"的思想。尤其是实施脱贫攻坚以来，国家对贫困人口的支持力度不断加大，"等靠要"的情况也愈发严重，甚至出现了"养懒汉"的情况。对"懒汉"的救济越多，"懒汉"就越缺乏发展自身的动力。目前，国家进入以相对贫困治理为主的阶段，地方政府为完成脱贫攻坚任务而一"兜"了事的情况会大大减少。

一味依赖政府补助的"懒汉"必须自力更生，而让"懒汉"

自力更生的手段之一就是通过乡风文明建设，培育和激发"懒汉"的内生动力。培育以"等靠要"为耻、以勤劳致富为荣的文化氛围，唱响"宁愿苦干，不愿苦熬"的主旋律，对好逸恶劳的负面现象进行有策略的批评批判，让羞耻之心在摆脱贫困中发挥作用。

人民日益增长的美好生活需要是多层次的，物质生活和精神生活的双重丰富方可称为美好的生活。前文中提到相对贫困是一种多维度的贫困，其中就包含精神层面的贫困。脱贫攻坚的实施在很大程度上解决了相对贫困人口的物质生活问题，而乡风文明建设则为解决相对贫困人口的精神生活问题提供了契机。移风易俗活动的开展能够帮助相对贫困人口摆脱封建落后思想，更好地适应现代社会。以社会主义核心价值观为导向，帮助相对贫困人口树立正确的世界观、人生观和价值观，让他们能够更客观地看待国家与社会，增强国家认同感，培养他们艰苦奋斗的精神。在农村地区开展丰富多彩的文化活动，例如传统戏曲、广场舞、棋牌室、体育活动，丰富相对贫困人口在农闲时的精神生活。邻里之间通过这些文化活动能够友好地互动，也有利于和谐乡村的构建。农村地区的居民在这种环境下能够拥有更加幸福美好的生活。

（四）治理有效与相对贫困治理

我国脱贫攻坚任务的圆满完成离不开党组织的坚强领导，也离不开各级政府充分发挥主观能动性，积极作为。在扶贫任务转向相对贫困治理的新背景下，党和政府在行动的方式上需要发生相应的变化，即由广泛而强力的社会动员向常规化制度化贫困治理转变，而这就需要建立一个稳定的扶贫机制，将扶贫工作纳入国家治理的常规性工作之中。

从乡村振兴的角度来看,治理有效主要包含以下几方面的要求:乡村社区犯罪率持续降低,乡村社区民事纠纷日趋减少,矛盾突出、生活失意等导致的极端事件明显减少,乡村社区信访率逐年下降,乡村社区特殊人群得到有效管理和服务,乡村社区生活困难群体得到有效帮扶和服务,乡村社区留守儿童、留守老人、留守妇女权益得到有效保障,乡村社区居民安全感逐年上升。

乡村社区生活困难群体和留守人员正是容易陷入贫困的群体,而治理有效则要求正面回应这两个群体的贫困问题。因此,要实现有效治理,就要让这两个群体得到持续有效的帮扶,保证其不陷入相对贫困的境地。因此,将解决相对贫困问题纳入治理有效之中是乡村振兴的内在要求,治理有效的实现也意味着相对贫困问题得到有效治理。

(五)生活富裕与相对贫困治理

生活富裕是物质生活富裕和精神生活富裕的统一体,是提高贫困户获得感的根本保障。生活富裕是乡村振兴的根本,也是实现全体人民共同富裕的必然要求。与此同时,实现全体人民共同富裕,也对缓解相对贫困有着重要的促进作用。乡村振兴战略成功与否,从根本上讲还在于能否实现乡村生活富裕的根本性目标;相对贫困能否缓解,实质上在于能否缩小差距问题。因此,在乡村振兴阶段,实现生活富裕、缩小差距,既是实现乡村振兴战略的宏伟蓝图,也是缓解相对贫困的现实所需。

2020年后,我国虽然消除了绝对贫困,但依然存在一些不容忽视的现实问题,如农民持续增收不稳定、农村基础设施有待完善、基本公共服务标准不高、收入差距较大等。因此在具体实践中,要始终把促进乡村产业兴旺、拓宽就业渠道、提高低收入者的收入、加强社会保障作为乡村振兴战略的核心着力点。同时,推动农村基础设施提档升级,提高基本公共服务标准,最终实现共同富裕,缩小差距,有效缓解相对贫困问题。

以上内容都是就乡村的贫困问题展开的讨论,在脱贫攻坚阶段,国家扶贫工作的重心在乡村。但是随着城镇化的推进,大量农村人口进入城市,一些人虽然摆脱了绝对贫困,但又陷入了相对贫困。因此在2020年后,城乡均为贫困治理的重要场域。

四、城镇化与缓解相对贫困

改革开放以来,我国东部沿海城市和内陆一批城市获得较大发展,广大农村地区居民为追求更美好的生活纷纷涌入这些城市,成为农民工。农民工在推动城市建设和发展的同时也获得了相对丰厚的报酬,他们用这些报酬改善了家庭的饮食、住房、教育、医疗等等。数以亿计的农民工进城务工,既改变了城市的面貌,也改变了农村的面貌,改善了农民的生活,缓解了农村地区的贫困问题。农民工大都只有在春节期间才会回到农村,其余时间都在城市中度过,还有一些随着收入的提升在城市中买房并定居下来,因此,农民工进城务工的过程也是城镇化的过程。就此而言,城镇化在很大程度上有助于解决我国农村地区的贫困问题。

然而城镇化进程在消除绝对贫困的同时也会带来相对贫困的问题。这主要表现在和留在农村的人口相比,进城务工的农民虽然有着更高的收入,但是他们在城市中需要支付高额的房租费用,而且缺乏稳定的就业保障。根据郭君平等人的测算,

2015年若按照世界银行每天消费3.1美元的贫困线标准计算，农民的收入贫困发生率为2.07%，消费贫困发生率为12.30%；若以城镇居民人均可支配收入中位数的50%为相对贫困线标准计算，农民的贫困发生率为26.33%。可以看出，农民工虽然收入相对可观，但是他们的消费能力、水平被限制到很低的水平。农民工主要从事体力劳动，且工作环境较差，个人防护措施往往不到位，身体长期处于透支状态，染上职业病的概率也较大。此外，在城乡二元体制下，农民工群体在其务工的城市中往往被排斥在当地政府提供的公共服务之外，他们只能享受到户籍所在地政府提供的公共服务。尤其是农民工群体无法享受到城市医疗保险和城市养老保险，他们为了应对可能的疾病以及老年生活而尽可能地存钱，从而压制消费的欲望，这正是消费贫困发生率如此高的原因。

除了农民工群体本身的相对贫困外，城镇化进程还存在着让乡村地区的留守老人陷入相对贫困的风险。根据国家发布的数据，2019年末，我国60周岁及以上人口25 388万，占总人口的18.1%；65周岁及以上人口17 603万，占总人口的12.6%；其中独居和空巢老人数量庞大。这些空巢老人在农村面临着困境：其一，由于农村养老体系的不健全，这些空巢老人主要依靠自己从事农业劳动来养老，其劳动产出和自身消费保持着低水平的平衡。其二，空巢老人因为年纪较大而面临着因为疾病而失能的风险，但是因为儿女进城务工，可能会陷入无人照料的境地。上述两种情况导致老人贫困现象愈发突出。

易地扶贫搬迁是一种重要的扶贫方式，能够有效解决"一方水土养不活一方人"的问题。但是部分贫困人口搬到城镇后因为文化水平和年龄的限制,缺乏稳定的工作和收入来源,加之城镇的生活成本高于乡村,很多搬迁户难以适应城镇生活。于是,就出现了部分贫困户住在城镇,但还会不时回到老家种地,甚至有部分贫困户因在城镇生活困难,不愿意待在迁入地的情况。换言之,贫困户进入城镇后陷入了新的贫困,正是这种新的贫困迫使他们回到农村那种产出和消费均处于低水平平衡的状态。因此我们必须对易地扶贫搬迁带来的相对贫困问题给予足够的重视。

我国绝对贫困人口主要分布在乡村地区,因此国家扶贫工作也是围绕乡村展开,这是合情合理的。但随着绝对贫困问题的解决,相对贫困会逐渐成为我国扶贫工作的重心。在2020年之后,我们不仅要关注乡村贫困问题,还要重视城市贫困问题,统筹考虑城乡贫困问题;要逐步建立起城乡一体化的反贫困治理体系,由政府统筹各方面资源,统筹推进城乡相对贫困治理,尤其注重解决流动人口的相对贫困问题;要建立起多部门协同反贫困治理体系,相对贫困具有多维性特征,因此要扶贫(乡村振兴)、教育、医疗、产业、环境等相关部门通力合作,打破扶贫工作"碎片化"的困境。

除了建立反贫困治理体系之外,我们还必须建立恰当的相对贫困识别标准。建立了标准,我们才能确定到底哪些才是需要救助的相对贫困人口。相对贫困具有显著的地域性和城乡性特征,因此在贫困线标准的设定上,应当体现出不同地区经济发展水平的差距以及城乡差距。此外,相对贫困相比绝对贫困更加多维,也更加复杂,若相对贫困的治理权过度集中,则很有可能会脱离地方实际,因此中央应当赋予地方更大的治理相对贫困的权力,充分发挥地方政府的主观能动性。

参考文献

［1］国务院关于印发"十三五"国家老龄事业发展和养老体系建设规划的通知.（2017-03-06）.http：//www.gov.cn/zhengce/content/2017-03/06/content_5173930.htm.

［2］SONG Y. What should economists know about the current Chinese Hukou system?. China economic review, 2014（3）.

［3］白永秀,吴杨辰浩.论建立解决相对贫困的长效机制.福建论坛（人文社会科学版）,2020（3）.

［4］提升相对贫困治理的靶向性.广州日报,2020-08-24.

［5］沈扬扬,李实.如何确定相对贫困标准？：兼论"城乡统筹"相对贫困的可行方案.华南师范大学学报（社会科学版）,2020（2）.

［6］陈成文,陈静.论基层社会治理创新与推进乡村振兴战略.山东社会科学,2019（7）.

［7］董帅兵,郝亚光.后扶贫时代的相对贫困及其治理.西北农林科技大学学报（社会科学版）,2020,20（6）.

［8］高松.缓解相对贫困的长效之治.群众,2020（10）.

［9］郭君平,谭清香,曲颂.进城农民工家庭贫困的测量与分析：基于"收入—消费—多维"视角.中国农村经济,2018（9）.

［10］解垩,李敏.相对贫困、再分配与财政获益：税收和转移支付的作用如何？.上海财经大学学报,2010（6）.

［11］李鹏飞,黄丽君.全面建成小康社会后解决农村相对贫困的对策建议.领导科学,2020（16）.

［12］刘翅.城乡协调发展背景下缩小城乡收入差距的对

策研究.智库时代，2019（8）.

［13］刘文斌，武力.乡村振兴进程中脱贫攻坚的成效利用与经验传递.河南师范大学学报（哲学社会科学版），2020，47（5）.

［14］王小林.新中国成立70年减贫经验及其对2020年后缓解相对贫困的价值.劳动经济研究，2019，7（6）.

［15］魏后凯.2020年后中国减贫的新战略.中州学刊，2018（9）.

［16］邢成举.政策衔接、扶贫转型与相对贫困长效治理机制的政策方向.南京农业大学学报（社会科学版），2020，20（4）.

［17］叶兴庆，殷浩栋.从消除绝对贫困到缓解相对贫困：中国减贫历程与2020年后的减贫战略.改革，2019（12）.

［18］张继哲.中国区域经济发展差异的形成原因.时代金融，2016（6）.

［19］左停，苏武峥.乡村振兴背景下中国相对贫困治理的战略指向与政策选择.新疆师范大学学报（哲学社会科学版），2020，41（4）.

［20］申云，李京蓉.我国农村居民生活富裕评价指标体系研究：基于全面建成小康社会的视角.调研世界，2020（1）.

［21］丁立江.乡村振兴须实现生活富裕根本目标.中国经济时报，2020-07-02.

"认识中国·了解中国"书系

中国智慧：十八大以来中国外交（中文版、英文版） 金灿荣
中国治理：东方大国的复兴之道（中文版、英文版） 燕继荣
中国声音：国际热点问题透视（中文版、英文版）
　　　　　　　　　　　　　　　　　　　　　中国国际问题研究院
大国的责任（中文版、英文版） 金灿荣
中国的未来（中文版、英文版） 金灿荣
中国的抉择（中文版、英文版） 李景治
中国之路（中文版、英文版） 程天权
中国人的价值观（中文版、英文版） 宇文利
中国共产党就是这样成功的（中文版、英文版） 杨凤城
中国经济发展的轨迹 贺耀敏
当代中国人权保障（中文版、英文版） 常　健
当代中国农村（中文版、英文版） 孔祥智
教育与未来——中国教育改革之路（中文版、英文版）
　　　　　　　　　　　　　　　　　周光礼　周　详
当代中国教育 顾明远
全球治理的中国担当 靳　诺等
中国道路能为世界贡献什么（中文版、英文版、俄文版、
　法文版、日文版） 韩庆祥　黄相怀
时代大潮和中国共产党（中文版、英文版、法文版、
　日文版） 李君如

社会主义核心价值观与中国文化国际传播	韩 震
我眼中的中韩关系	［韩］金胜一
中国人的理想与信仰（中文版、英文版）	宇文利
改革开放与当代中国智库（中文版、英文版）	朱旭峰
当代中国政治（中文版、英文版）	许耀桐
当代中国社会：基本制度和日常生活（中文版、英文版）	
	李路路 石 磊 等
国际关注·中国声音（中文版、英文版）	本书编写组
中国大视野2——国际热点问题透视	中国国际问题研究院
中国大视野——国际热点问题透视	中国国际问题研究所
构建人类命运共同体（修订版）	陈岳 蒲俜
新时代中国声音：国际热点问题透视	中国国际问题研究院
中国生态文明新时代	张云飞
当代中国扶贫（中文版）	汪三贵
当代中国行政改革	麻宝斌 郝瑞琪
当代中国文化的魅力	金元浦
城镇化进程中的中国伦理变迁	姚新中 王水涣
数字解读中国：中国的发展坐标与发展成就（中文版、英文版）	
	贺耀敏 甄 峰
中国经济：持续释放大国的优势和潜力	张占斌
对话中国	本书编写组
中国的持续快速增长之道	［巴基］马和励
中国新时代（中文版、英文版）	辛向阳
中国之治的制度密码（中文版、英文版）	靳 诺 刘 伟
民族复兴的制度蓝图（中文版、英文版）	靳 诺 刘 伟

中国之治：国家治理能力和治理现代化十五讲（中文版、英文版）

杨开峰 等

消除贫困：中国的承诺　　　　　　　　　　　　　　汪三贵 等

中国农业农村现代化（中文版、英文版）　　　　　　孔祥智 等

以人民为中心：新时代中国民生保障（中文版、英文版）　郑功成

当代中国社会建设（中文版、英文版）　　　　　　　马庆钰

中国话语体系的建构　　　　　　　　　　　　　　　贺耀敏

图书在版编目（CIP）数据

消除贫困：中国的承诺 / 汪三贵等著 . -- 北京：中国人民大学出版社，2021.6
（"认识中国·了解中国"书系）
ISBN 978-7-300-29495-7

Ⅰ.①消… Ⅱ.①汪… Ⅲ.①扶贫 – 研究 – 中国 Ⅳ.① F126

中国版本图书馆 CIP 数据核字（2021）第 111736 号

"十三五"国家重点出版物出版规划项目
"认识中国·了解中国"书系
消除贫困
中国的承诺
汪三贵 等 著
Xiaochu Pinkun

出版发行	中国人民大学出版社	
社　　址	北京中关村大街 31 号	邮政编码　100080
电　　话	010-62511242（总编室）	010-62511770（质管部）
	010-82501766（邮购部）	010-62514148（门市部）
	010-62515195（发行公司）	010-62515275（盗版举报）
网　　址	http://www.crup.com.cn	
经　　销	新华书店	
印　　刷	天津中印联印务有限公司	
规　　格	148mm×210mm　32 开本	版　　次　2021 年 6 月第 1 版
印　　张	6.5 插页 2	印　　次　2021 年 6 月第 1 次印刷
字　　数	144 000	定　　价　48.00 元

版权所有　侵权必究　　印装差错　负责调换